光明社科文库
·教育与语言书系·

高职院校文化育人的实践与探索

樊铁钢 | 主编

光明日报出版社

图书在版编目（CIP）数据

高职院校文化育人的实践与探索 / 樊铁钢主编. -- 北京：光明日报出版社，2023.9
ISBN 978-7-5194-7521-5

Ⅰ.①高… Ⅱ.①樊… Ⅲ.①高等职业教育—文化素质教育—研究 Ⅳ.①G718.5

中国国家版本馆 CIP 数据核字（2023）第 188082 号

高职院校文化育人的实践与探索
GAOZHI YUANXIAO WENHUA YUREN DE SHIJIAN YU TANSUO

主　　编：	樊铁钢		
责任编辑：	杨　娜	责任校对：	杨　茹　李海慧
封面设计：	中联华文	责任印制：	曹　净

出版发行：光明日报出版社
地　　址：北京市西城区永安路 106 号，100050
电　　话：010-63169890（咨询），010-63131930（邮购）
传　　真：010-63131930
网　　址：http://book.gmw.cn
E-mail：gmrbcbs@gmw.cn
法律顾问：北京市兰台律师事务所龚柳方律师
印　　刷：三河市华东印刷有限公司
装　　订：三河市华东印刷有限公司
本书如有破损、缺页、装订错误，请与本社联系调换，电话：010-63131930
开　　本：170mm×240mm
字　　数：261 千字　　　　　　　　印　张：15
版　　次：2024 年 3 月第 1 版　　　印　次：2024 年 3 月第 1 次印刷
书　　号：ISBN 978-7-5194-7521-5
定　　价：95.00 元

版权所有　　翻印必究

前　言

近年来，我国高职教育改革发展不断深化，职业教育地位日渐凸显，成绩不断，特别是西南地区贵州高职教育发展更是取得长足进步。新时代经济社会全面发展，产业转型升级加快，对高素质技能人才的培养提出更高的要求。2022年，国发〔2022〕2号文件对贵州提出了全面推进乡村振兴和新型城镇化的要求，推动巩固拓展脱贫攻坚成果同乡村振兴有效衔接。在围绕"四新"主攻"四化"和建设特色教育强省发展要求的背景下，贵州职业教育发展迎来重大战略机遇期。如何扎根贵州大地办教育，服务区域经济社会发展，构建高职院校校园文化育人体系，发挥其文化育人功能，培育高素质技术技能人才是新的时代课题。

贵州轻工职业技术学院秉承"文化浸润技术、理想托起技能"育人思路，坚持以立德树人为根本，以社会主义核心价值体系为引领，系统建成以"弘扬爱国情怀、落实文化传承、培养工匠精神"文化育人理念为核心的"一体两翼、多点纷呈"特色文化育人体系，实现"理念文化、制度文化、行为文化、环境文化"四个方面的提质升级，推动培育"一系一品"、美育文化、双创文化、质量文化、网络文化等文化品牌，深化"一站式"学生社区建设，形成了具有职业教育特色的文化育人良好局面和长效机制，切实推动高素质技术技能人才培养。

由贵州轻工职业技术学院樊铁钢主编的《高职院校文化育人的实践与探索》以制度文化、实践育人、经验成果、活动案例、人物榜样等篇目为脉络，聚焦贵州轻工职业技术学院文化育人理论研究和实践探索的过程，收录了"思政课程""课程思政"协同育人经验，分享了学生党员培养工作法、学生综合素质培养等实践案例，形成了社团文化、心理健康工作、网络育人、班级管理等典型经验，从不同角度展现学院独具特色的文化育人体系和实践成果。

由于编者知识有限,书中难免疏漏之处,恳请各位专家、广大读者批评指正。

2023 年 7 月 19 日

目 录
CONTENTS

第一篇　制度文化 ……………………………………………………… 1

高职院校校园文化建设思考
　　——以贵州轻工职业技术学院为例 ……………………………… 3
"三全育人"视域下高职院校校园文化建设内涵及路径研究 ……… 15
全面推进高校文化建设努力构建"轻院素养"育人品牌 …………… 21
贵州轻工职业技术学院特色校园文化建设的探索与实践 …………… 27
"三全育人"视域下高职院校网络文化育人路径探索与实践
　　——以贵州轻工职业技术学院为例 ……………………………… 37
贵州轻工职业技术学院"追求卓越、走向一流"质量文化建设与
　　创新探究 …………………………………………………………… 43
创新模式　五育融合　推进国防教育高质量发展
　　——"课程+实践+征兵"的贵州高职院校国防教育育人模式有效
　　融入校园文化建设路径研究 ……………………………………… 56
高职院校党建帮扶角度下农村党建文化建设的路径探究
　　——以贵州轻工职业技术学院帮扶剑河县革东镇方陇村为例 … 59
地方特色文化与高职校园文化融合育人研究
　　——以贵州省黔东南州剑河县为例 ……………………………… 63
构建"1235"工作模式，打造"健康轻工"校园文化品牌 ………… 67
基于KGPAP工作机制的高职院校"三全育人"体系构建 …………… 75
新时代校园网络"大V"现状分析与培育建设 ……………………… 80

第二篇　实践育人 ……87

高校思想政治理论课"讲好故事"策略建构 …… 89
打造贵州轻工职业技术学院思想政治理论课"初心课堂"育人品牌 …… 98
把贵州红色基因融入文化与旅游系育人全过程 …… 102
高职土建类专业学生软能力培养路径探索与实践 …… 105
红色文化融入高职院校思政课教学实践探究
　　——以贵州轻工职业技术学院为例 …… 108
新时代职业本科爱国主义教育路径探索 …… 113
打造"一站式"学生社区综合管理模式　扎实推进学生公寓
　　育人工作 …… 120
新时代高校辅导员在意识形态领域开展高校思想政治工作的
　　实践路径 …… 125

第三篇　经验成果 …… 131

2021年全省高校党建工作创新"最佳案例"
　　——"创新1+2+3+4+5学生党员"培养工作法 …… 133
"五力融合"守正创新
　　——贵州轻工职业技术学院科研平台创新创业生态体系和文化
　　建设案例 …… 138
后疫情时代下贵州高职院校艺术专业大学生高质量就业策略研究 …… 143

第四篇　活动案例 …… 153

基于"专职为主+兼职为辅+其他补充"的班级管理改革模式探索与实践
　　——贵州轻工职业技术学院"全员育人"之班级管理改革
　　工作案例 …… 155
赓续红色血脉，传承红色文化
　　——以贵州轻工职业技术学院"传承红色·魅力青春"
　　文化活动月为例 …… 159
统战文化品牌的打造
　　——以贵州轻工职业技术学院"石榴籽"课堂为例 …… 163
抓特色、创品牌、育典型，"微笑经管"促进校园文化创新发展
　　——经济管理系"微笑经管""一系一品"文化品牌建设案例 …… 166

春风化雨　育人无声
　　——贵州轻工职业技术学院"三全育人"背景下的心理健康
　　　工作模式 ·· 195
测绘社团文化建设的研究与实践
　　——以工匠精神筑梦测绘人生 ································ 199
青衿之志履践致远，行远自迩笃行不怠
　　——以 2020 级大数据技术与应用 3 班为例 ················ 208
思政与新媒体融合　打造网络育人新阵地
　　——以青春轻院新媒体工作室为例 ···························· 211

第五篇　**人物榜样** ··· 217
　立德树人铸师魂　做学生逐梦路上的"引路人" ················ 219
　高校辅导员工作案例："迟到"小违纪背后的大"真相" ········· 225

第一篇 01
制度文化

高职院校校园文化建设思考*
——以贵州轻工职业技术学院为例

摘　要：新时代经济社会发展对高职院校校园文化建设提出了新的要求。本文以贵州轻工职业技术学院为例，从高职校园文化建设内容展开思考，通过分析高职院校校园文化建设现状，探讨高职院校校园文化建设的内涵发展，通过研究校园文化服务对象、校园文化建设主体、校园文化传播媒介，探索高职院校校园文化独特的发展路径。

关键词：职业教育；校园文化；文化育人

高职院校校园文化育人功能不断强化，是高校立德树人的必然要求，也是高校思想政治教育的重要组成部分。党的十八大以来，职业教育重要地位日渐凸显。如何构建高职院校校园文化体系，发挥其育人功能，显得尤为重要。

一、高职院校校园文化建设现状

（一）高职院校校园文化内涵

1. 校园文化建设内涵

校园文化是以学生为主体，教职工、教育行政部门、社会等多方参与形成的以学校为主要阵地的群体文化，涵盖了物质文化、制度文化、行为文化、精神文化等内容。在保持自身独有特性的同时，校园文化相对开放，具有传承性、开放性和互动性的特点。在社会主义核心价值观的引领下，校园文化以培养德、智、体、美、劳全面发展的新时代青年群体为主要目标，发挥着文化育人的功能。

---

* 本文作者：樊铁钢，贵州轻工职业技术学院党委书记。

2. 新时代高职院校校园文化建设要求

高职院校作为高等院校教育体系中的重要组成部分，既具有高校文化建设发展的共同点，也具有自身的职业教育特色，特别是职业教育更注重学生的技能教育，形成了职业教育的发展特色。学生的综合素质发展情况伴随着职业教育规模的扩大、体系的成熟和质量的提升，也面临提质升级的考验。新时代发展对人才素质要求更加全面，提出要适应中国特色社会主义现代化进程中经济社会发展、产业升级带来的发展变化。相伴随的是社会对职业技能人才需求的进一步加强，既要求其具备娴熟的技能，掌握一定的学习能力、创新能力、合作能力、信息化能力、语言文字能力，更要求人才思想品德综合素质的完备。这是新时代人才培养的必然趋势。

（二）校园文化"十三五"建设情况

1. 校园文化体系初步建立

职业教育体系发展虽然起步较晚，但已逐步探索出较为成熟的校园文化体系。如贵州轻工职业技术学院初步构建了较为完备的体制机制，具备了校训、校徽、校歌等身份识别系统，校园基础设施建设如道路、楼宇、山体、水体也独具中华优秀传统文化底蕴，系统建成了"弘扬爱国情怀、落实文化传承、培养工匠精神"的"一体两翼、多点纷呈"的校园文化育人体系和校园文化建设整体格局。学院坚持立德树人根本任务，重点打造以"传承红色·魅力青春"为主题的文化浸润工程和以"技以载道·匠心圆梦"为主题的匠心圆梦工程。学院坚持以社会主义核心价值观为指导，充分发挥中华优秀传统文化、红色文化、工匠文化等文化主体作用，在完善"一系一品"的基础上，形成了"一社一品""一支部一品牌"等品牌培育机制。

2. 校园文化影响逐步扩大

"十三五"期间，贵州轻工职业技术学院以"传承红色·魅力青春"为主题的文化浸润工程和"技以载道·匠心圆梦"为主题的匠心圆梦工程，为广大师生搭建了展示风采、锻炼自我、提升素质的综合平台，师生参与率超过90%，助力师生参加省级及以上各类竞赛，获奖超过200项。学院首创贵州省高职院校综合素养课程体系和人才培养质量动态评价体系，突出展示了贵州省高职院校学生综合素质的育人成效，着力打造了在贵州省内具有一定示范效应的"轻院素养"文化育人品牌，成果先后荣获省级教学成果一、二等奖，师生获省级及以上表彰200多人次。学院教师乐业奉献，学生乐学向上，先后涌现出全国脱贫攻坚先进个人、全国优秀教师、第五届黄炎培杰出教师、全国职业院校技能大赛优秀工作者等一批先进模范人物。

3. 校园文化活动特色鲜明

制定习近平新时代中国特色社会主义思想进学术、进专业、进教材、进培训、进读本、进课堂"六进"工作方案并组织实施。每年5月开展以"传承红色·魅力青春"为主题的红色文化活动月，每年11月开展以"技以载道·匠心圆梦"为主题的技能素养文化活动月，培育和打造了"微笑经管""质量建工""多彩艺术""数说信息""出彩机电""健康轻工""最美人文"等七个系部文化品牌。

（三）存在的问题与不足

1. 校园文化阵地建设不够充分

校园文化建设过度依赖于高校党团、教学部等行政教学部门，学生会、学生社团等学生自治团体主体性发展不够成熟，"三全育人"和"十大育人"体系协同发展需进一步整合，特别是针对职业院校的发展要求和高校自身发展的实际协同问题，需要教育行政部门统筹做好顶层设计规划。同时，高职院校在校园文化建设投入方面总体上存在偏少现象，导致人文环境系统性规划不够，人文景观建设不到位，校园内学术氛围也不够浓厚。

2. 文化产品开发创新推广不足

独具特色的成熟校园文化产品开发是一个学校文化底蕴的代表，凝结着学校历史发展的精华。贵州轻工职业技术学院正处在高质量发展的关键时期，需要在文化、精神等软件方面高度重视，进一步加强对大学精神、大学文化的培育、塑造，打造承载大学精神的文化载体、文化符号，应充分发挥师生的创造力，开发一批具有代表性的校园文创产品。

3. 校园文化品牌打造力度不够

校园文化建设体系虽然已经初步成型，但在职业教育、历史传统和自身优势的认识、挖掘和打造上做得还不够，对代表性人物、典型性场馆、学院特色、亮点、成就、典型的挖掘和宣传不足，在视觉识别系统的开发上力度还不够，相关的文化产品比较欠缺，文化品牌特色亟待加强。

二、高职院校校园文化建设的内涵发展

（一）校园文化服务对象分析

1. 高职院校学生

高职院校学生生源主要来源于高考、中职升高职、分类招生等，虽然文化理论素养相较本科生有一定差距，但在实践能力、创新能力、团队协作能力等方面具有明显优势。同时，针对新时代学生思想上更加谋求独立、多元、

开放、实际的个性发展特征,以及对职业、对自身发展、对社会认识的不稳定等特点,需要学校进一步发挥"三全育人"实效,夯实"十大育人"体系,构筑"辅导员+学业导师+学长助理"的班级管理体系,从学业、日常生活和综合素质层面,"点对点""一对一"进行帮扶。

2. 高职院校教职工

教职工是职业院校人员的重要组成部分,具有双重身份,既是校园文化的创造者、传承者,也是校园文化的服务对象。教职工是学生在校期间日常生活、学习、活动等接触的第一人,教职工素质的高低直接影响学生自身的价值建构,所以教育行政部门和高校应对教职工思想品德严格要求。在专业培育上,贵州轻工职业技术学院以"有效课堂"为抓手的课程体系正在分步实施,拟通过"出制度建标准、组团队强指导、教师磨专家评、优机制奖结果、推模式重应用"五步法,开展有效课堂认证工作,提升课程质量,同时强化校企合作,推动"双师型"教师队伍的建设。

3. 就业用人单位

职业教育具有更强的市场敏感性,技能人才培养直接服务于地方经济发展,就业用人单位是第一受众。新时代的人才培养,不能仅依靠高校作为主体,还应该在校政企合作办学模式上不断探索。贵州轻工职业技术学院创新"校地企协同"产教融合育人模式,主动对接贵安新区党工委、管委会,与大学城管委会携手探索"大学城+大学生+大数据+大创意"发展模式,在人才培养、科技创新、产业共培等领域开展全面合作。同时,实施"引企入校"和"引企入教"工程,与入驻企业开展全方位、深层次、多形式合作,深化现代学徒制、"1+X"证书制度等校企合作、工学结合的办学制度改革,实现了学校和企业联盟、与行业联合、同园区联结,形成了"校地企协同"产教融合育人机制,在创新校企合作办学模式上实现了新突破。

(二)校园文化建设主体分析

"三全育人"模式下,高校是主体,学生作为育人对象,教育行政部门、政府、社会是校园文化创造的参与者,深刻影响着高职校园文化的形成和发展。同时,高职校园文化也与所在地经济社会发展、政府政策支持、职业院校自身发展密不可分。高职院校自身的文化构建是确保自身办学质量的重要保障。往往优秀的院校文化品牌会在社会上形成良好的院校形象,可以在考核、招生、就业等方面形成良好的正反馈。这也激励着办学主体不断优化自身文化体系,推动形成独具特色的文化品牌。

1. 地方政府政策导向

2022年1月26日，国务院印发《关于支持贵州在新时代西部大开发上闯新路的意见》（国发〔2022〕2号），对贵州未来经济社会发展进行全方位布局，使贵州又迎来新一轮发展机遇。在职业教育发展方面，贵州省围绕"四新"主攻"四化"，推动职业教育大有可为。2021年1月29日，贵州省第十三届人民代表大会第四次会议通过的《贵州省国民经济和社会发展第十四个五年规划和2035年远景目标纲要》明确提出，推进职业教育扩容提质，实施中职"强基"、高职"双高"和"黔匠"培养工程。这表明，职业教育将在贵州经济社会发展中承担重要的角色。2022年3月，贵州省人力资源和社会保障厅发布《2022年度"技能贵州"行动实施方案》，对贵州省职业教育发展目标、人才队伍培养、基础设施建设、组织保障等进行了全面的谋划。政府政策对职业教育发展起着导向性和规定性的作用，影响着院校发展定位，进而影响校园文化建设的需求和内容。

2. 社会公众期望影响

伴随着经济社会的发展，产业不断转型升级，导致社会对高素质技术技能人才的需求越来越大，公众对职业教育重视程度和要求也越来越高。特别是近年来我国中、高考教育制度改革，使得社会更加期待职业教育办学高质量发展，除了技能培养、面向市场、面向就业的专业办学基本诉求外，对立德树人的功能要求也越来越高。"两条腿"走路需要打破社会公众对职业院校学生整体素质不高的固化印象，重塑新时代职业教育在育人方面"品德+技能"的全面培育形象。

3. 高职院校育人主体

高职院校作为育人主体，是实质性的制度制定、基础设施建设、人员服务、教育教学、文化活动等活动的执行者，特别是在"三全育人"实践过程中扮演着决定性角色。同时，高职院校要明确高等职业教育既与普通高等教育有相同的文化育人内涵，又区别于普通高等教育。如何探索适合自身的发展模式，是充实完善高等教育育人体系的重要时代命题。办学定位是否明确，决定着高职院校自身的发展方向。如贵州轻工职业技术学院以"深耕轻工，融入贵安，服务贵州，开放发展"作为自身办学发展定位，将职业教育发展与地方经济社会发展相融合相适应，办人民满意的职业教育、人民所需要的职业教育，这是提升职业教育生命力的重要保障。

（三）校园文化传播媒介分析

1. 物质文化

校园物质文化主要体现在基础设施建设所形成的校园文化环境，包含教学楼、图书馆、行政楼、事务中心等公共场所配套设施，大学生活动中心、教职工活动中心、宿舍楼、食堂、快递站、医务室、山林水路等生活场所配套设施，以及实训中心、校史馆、美术馆等学习场所配套设施。这些基础设施空间的构建可以营造文化氛围，对师生群体起到潜移默化的培育作用。所以，校园物质文化的构建需要以院校自身文化内涵为依托，凸显院校育人特点。

2. 制度文化

校园制度文化往往体现在大学章程、学生管理规定、教学科研管理办法等制度体系中，是院校运行的重要行为规范。制度的规范化是代表院校发展水平的重要标志，正式的制度文化体现院校文化发展的内涵。同时，在院校发展过程中形成的非正式的群体文化也会对院校发展产生重要影响。所以，院校需要积极发展和完善以大学章程为核心的现代大学制度，着力健全"党委领导、校长负责、专家治学、民主管理"的院校内部治理体系，修订完善人才培养、教学管理、宣传思想、校园文化建设及日常管理的各项制度，不断提升依法自主办学、实施管理和履行职能的能力和水平。要加强宣传，营造氛围，进一步提高师生对校园制度文化的认知与认同，把制度约束转化成广大师生的文化自觉。

3. 行为文化

校园行为文化是通过校园师生的日常生活、学习、教学科研等活动展现出来的文化活动特点。通过校园行为文化的成熟发展，形成系统化、规范化的引导范式，与制度文化相配合，可以形成稳定的校园文化运行发展特色。如贵州轻工职业技术学院开展青年教师岗前培训、青年教师说课比赛，加强"双师型"教师培养，加大教师海外培训力度，提升教师课堂教学、实践育人和国际化育人能力，推动"不忘初心、牢记使命""党史学习教育""学习贯彻习近平新时代中国特色社会主义思想"等主题教育活动制度化常态化开展，把思想政治工作和社会主义核心价值观教育融入教育教学和管理服务全过程。

三、高职院校校园文化发展路径探析

（一）紧跟时代，深化内涵，优化校园文化体系

1. 校园文化定位

坚持以习近平新时代中国特色社会主义思想为指导，服务于推动提升内

部质量保障能力打造"质量轻工"、提升办学层次和产教融合水平打造"技高轻工"、提升科学研究和社会服务能力打造"大地轻工"、提升校园数字化水平打造"数字轻工"、提升国际化办学水平打造"开放轻工"、提升校园文化品质打造"美丽轻工"、提升师生获得感幸福感打造"幸福轻工"的"七大提升",深化"文化浸润技术,理想托起技能"育人内涵。

2. 核心文化立本

实施"新时代立德树人工程",坚持以社会主义核心价值观为指导,为党育人、为国育才。持续深化以理想信念教育为核心的"三全育人"综合改革,以"铸魂育人""劳动教育""匠心培育"三大工程为载体,培育思政教学创新团队,挖掘课程思政教育案例,持续推进思政课程和课程思政建设,实现课程思政示范课专业全覆盖。推进辅导员工作室建设,推动辅导员队伍专业化、职业化发展。

3. 数字文化先行

紧跟网络时代特征,深入贯彻为民服务理念,坚持以师生为本,创新服务师生举措。通过大数据运用、智能监测、信息化防护等手段打造"数字轻工",建设校园一体化服务平台和移动终端服务平台,功能涵盖学院各项核心工作,如网络设备、楼宇自动化、消防、视频监控、门禁、广播、照明、节能、停车场、智慧教室、校务系统等,实现界面整合、数据共享、业务协同、统一服务的"一站式"服务模式,走好新时代网上群众路线,不断增强师生获得感、幸福感,提升立德树人成效。同时,与省内主流新媒体公司开展校媒合作,在新闻客户端搭建"贵州职教筑梦圈"、合作共建网络文化工作室。推动"线上+线下"为代表的教学模式改革,推行模块化教学模式和任务驱动式教学改革,推动课堂革命。制定学院在线精品课程建设标准,强化在线精品课程建设。

4. 技能文化赋能

围绕高质量发展,贵州轻工职业技术学院结合办学优势与地方实际,坚持把人才培养作为服务"四新""四化"的根本要求,聚焦特色专业办学,以实现"人人职教、个个就业、家家致富"为职业教育目标,赋能"技能贵州"建设。紧紧围绕"四化"发展,与300多家企业广泛合作,深化产教融合人才培养模式改革,深耕"轻工",以大数据技术与应用、酿酒技术专业群为龙头,致力于培养一批适应新型产业化服务贵州发展的高素质技能人才、技术创新人才。

(二) 深度挖掘，树立特色，打造职教文化品牌

1. 以校史馆建设为基础，形成发展脉络

校史是忠实珍藏学校史迹的画卷，是前人历史经验的总结，是传承文化精神的思想宝库，是启迪后人的教科书，是入职者从业悟道的开篇，是认同新同学身份的第一课。以史为鉴，继承传统，让发展轨迹与人文精神交相辉映，折射出学校在时代发展变迁中的光与影；赓续血脉，面向未来，让校史汇聚成学校师生价值认同、凝心聚力的精神源泉。贵州轻工职业技术学院2004年2月经贵州省人民政府批准，由建于1978年的贵州省第一轻工业学校和建于1979年的贵州省第二轻工业学校合并成立。学院的发展汇聚了几代人的辛苦耕耘，校史文化的培育是形成院校自身价值体系的重要支撑。

2. 以文创产品开发为引领，赋能品牌建设

进一步推进校园文化建设，持续打造特色文化品牌，完善校园文化体系，激发办学活力，以"精神文化"凝聚思想，提升价值引领。以校园文化为核心进行创新产品设计，开发校园文创产品，打造集文化、创意、传播为要素集群的"轻院印象"校园文创空间，营造潜移默化的育人氛围，彰显校园文化内涵。

3. 以"一系一品"育人，彰显专业特色

学院深化职教育人内涵，根据院系实际分布构建了"微笑经管""质量建工""多彩艺术""数说信息""出彩机电""健康轻工""最美人文"等七个系部文化品牌，以品牌引领系部文化建设，提炼系部专业办学特色，展示"工匠精神"内涵特点。

(三) 职教搭桥，民心相通，促进国内外文化交流

1. 省内互通，共谋技能贵州

坚持创新发展、协调发展、开放发展、绿色发展、共享发展，抢抓国家推进高职教育开放办学的良好机遇，发挥企业的办学能动作用，积极推进行业企业参与人才培养的全过程，实现校企协同育人。与省内高校互联互通，相互交流借鉴，共同服务"技能贵州"发展目标。加强与中职学校的对口帮扶工作，以党建为引领，助力乡村振兴。

2. 东西协作，强化院校合作

加强与粤港澳大湾区、成渝经济圈、长江经济带地区职业院校的交流，如携手杭州职业技术学院，探索形成"诊改+督导+认证"三维一体化整体性教学评价新模式，推动"有效课堂"建设。在推动"双高"建设、提质培优、职业本科发展上，深化与东部高职院校的学习交流合作，进一步推动教

育教学改革与产教融合，创新人才培养模式。

3. 国际互联，文化交流互鉴

贵州轻工职业技术学院利用独特的地理区位优势，积极申报"中国—东盟教育交流周"项目。依托交流周相关专项活动，深化民族文化传承和专业、课程标准国际交流，拓展与东南亚等"一带一路"共建国家具有国际先进水平的职业院校合作，引进先进教育资源，推动线下国际交流恢复，创新线上国际合作交流方式。选派管理干部和教师赴新西兰等地访学，有序择优选派学生赴国（境）外交流学习。不断深化与新西兰怀卡托理工学院等国外院校的国际合作办学，提升怀卡托国际学院办学影响力，积极打造具有示范效应的国际教育品牌。

四、"十四五"校园文化建设思考

（一）"十四五"校园文化体系建设思考

1. 以"精神文化"凝聚思想

加强理想信念教育。坚持把习近平新时代中国特色社会主义思想与校园文化活动结合起来，完善习近平新时代中国特色社会主义思想教育培训体系，持续推动党的创新理论进教材、进课堂、进学生头脑。加强中华优秀传统文化教育。将优秀传统文化教育与美育教育、艺术教育有机结合，开设传统文化教育选修课程、专题讲座；开展"高雅艺术进校园""优秀传统文化进校园"等系列活动；组建传统文化传承类社团，鼓励师生积极参与；举行非遗等民族民间技艺展示、学习、体验等传承活动。加强爱校教育，规范开学典礼、毕业典礼、优秀表彰等重要典仪，开展"爱校荣校、感恩奉献"教育。加强校史搜集和修订工作，建设实体校史馆，力争建设网络校史馆，将校史列为新生入学、毕业离校和员工入职等教育的重要内容，进一步增强广大师生爱校情怀，促进职业教育精神薪火相传。加强识别系统建设，深入挖掘校园文化特色元素，深化理念文化识别系统、创建行为文化识别系统、视觉文化识别系统，以校园文化为核心进行创新产品设计，开发校园文创产品，营造潜移默化的育人氛围，彰显校园文化内涵。

2. 以"物质文化"彰显理念

加强校区重点建筑和文化设施建设。做好校区自然景观和人文景观的整体规划和分期建设，有序实施校园美化、亮化、绿化、净化工程，做到自然美、人文美、艺术美相协调；进一步完善教学楼、图书馆、行政楼等公共场所配套设施，大力提高服务水平、管理能力和工作效率，营造舒心怡人的学习生活文化空间；探索整合社会资源，加强楼宇宣传智能终端的建设与管理，将智能终端打造成形象展示、信息服务、文化熏陶的多功能集成平台；结合专业特色，融合工匠精神，强化劳模精神、劳动精神的培育，加强系部楼宇内部文化建设，打造特色文化楼宇，进一步丰富和创新公共设施内外的学校特色文化表达方式。加强校园空间设计和景观设计，让每一堵墙都"说话"，每一个角落都传递文明，营造温馨、宜人的育人氛围。

3. 以"制度文化"筑牢根基

建设特色现代大学制度。积极发展和完善现代大学制度，着力完善"党委领导、校长负责、专家治学、民主管理"的内部治理体系，修订完善人才培养、教学管理、宣传思想、校园文化建设及日常管理的各项制度，不断提升依法自主办学、实施管理和履行职能的能力和水平。强化制度执行，加强宣传，营造氛围，进一步提高师生对校园制度文化的认知与认同。树立制度权威，规范、公正、高效地执行制度。突出领导干部带头执行制度，同时大力表彰执行制度的先进典型，增强对师生的说服力和感染力，把制度约束转化为广大师生的文化自觉。

4. 以"行为文化"传承精神

实施优良校风培育工程。建立健全教风和师德师风建设领导体制和运行机制，完善教风、教学评估机制，建立师德师风与晋级晋职联动机制；开展青年教师岗前培训、青年教师说课比赛，加强"双师型"教师培养，加大教师海外培训力度，提升教师课堂教学、实践育人和国际化育人能力；加强教职工职业理想和职业道德教育，建立教师常态化培训机制；坚持正确的舆论导向，大力宣传爱岗敬业、教书育人的先进典型，以先进典型引导教师做"四有"教师，锻造轻院师魂。实施优良学风培育工程。完善和落实"三全育人"工作体系，把思想政治工作和社会主义核心价值观融入教育教学和管理服务全过程；强化学生法治教育，推进习近平法治思想学习宣传融入学院法治理论教育体系，引导学生以德、以法、以诚信立身；深化团学组织改革，推进"青马工程"、年度评优评先和主题教育等活动，持续开展文化科技卫生"三下乡"活动；注重培养学生创新创业的开拓创新精神，持续开展"中国梦·劳动美""开学第一课"系列活动，选树推广先进典型案例，发挥榜样示范带动作用，营造好学、乐学的良好氛围。实施优良作风培育工程。推动"不忘初心、牢记使命""党史学习教育""学习贯彻习近平新时代中国特色社会主义思想"等主题教育制度化常态化开展，进一步建立健全学习和宣传教育机制、联系服务群众机制、勤政廉政和勤俭办学机制、作风建设监督评议和奖惩激励机制、干部考核评价机制，推进一网通办网上办事大厅建设；持续开展优秀党员及党务工作者、优秀教师及教育工作者等评选表彰活动，教育引导广大师生员工爱岗敬业、履职尽责，切实改进作风，不断提高执行力和工作质效。

5. 以"质量文化"缔造价值

营造质量氛围，把职业素养、文化素质、职业能力等要求和工匠精神等企业质量文化融入现代职业教育质量文化中，把合规教育作为大学生行为文化的重要组成部分。加强质量文化宣传教育，确立全面质量管理理念，树立全员、全方位、全过程的质量诊改意识，不断提高师生的质量文化认同度，营造浓厚的质量文化氛围，推动形成"严谨专注、敬业专业、精益求精、追求卓越"的校园质量文化品牌。以内部质量保障体系诊断与改进工作为抓手，健全完善工作标准、工作机制和评价体系，推动教育教学质量、人才培养质量、社会服务质量等建设，持续推进校园质量文化体系建设。

（二）"十四五"校园文化呈现形式思考

1. 打造特色文化品牌

以社会主义核心价值观塑造为核心，每年度春季学期组织开展"传承红色·魅力青春"主题文化活动月，赓续红色血脉，传承红色基因，注重学生理想、信念和信仰的教育培养；以彰显工匠精神和技能成才为核心，每年度秋季学期组织开展"技以载道·匠心圆梦"主题技能素养活动月，系统开展各级各类技能竞赛和文体活动并形成常态化。在"一系一品"文化建设基础上，挖掘融入专业质量文化元素，突出"工匠精神"的培育与熏陶，深化"一系一品"育人特色与育人实践，培育助力贵州"四新""四化"建设的忠诚黔匠。

2. 高标准建设特色育人基地

结合高职院校发展和校史文化研究，充分运用现代化多媒体手段，高质量建成学院校史馆，着力展现职业教育发展历史，传承职业教育精神，讲好职业教育故事。紧密结合行业历史，围绕工匠精神、劳动教育、美育教育、体育教育等主题，建设特色教育场馆，充分发挥其实践育人功能。

3. 建设"绿色校园"

着力打造"绿色空间"，将绿色建设理念融入校区建设全过程，构建水资源循环利用系统，打造校园湿地系统，构筑节能环保、生态低碳的绿色校园；以"一站式"学生社区为基础，形成良好的寝室、教室和社团文化，实施"绿色教育"；开展低碳科普教育和科技创新活动，通过系列活动宣传引导全院师生树立低碳环保理念，形成全员参与创建绿色校园的局面。有效实施"绿色管理"，在行政办公、校园出行、餐饮、垃圾分类等方面开展重点建设，形成绿色校园建设的样板；统一管理学校宣传空间，推进学校广播、院报、展板、抖音、公众号等宣传平台的运行规范化。

通过创建良好的校园文化，实现润物无声的育人效果，推动技术技能快速提升和精神塑造双线并进，使学生在精神成人上"立"得起，在技能立业上过得"硬"，努力成为中国特色社会主义事业的合格建设者和可靠接班人。

参考文献：

［1］黄巧玲.2010—2021年我国高职院校校园文化建设研究的回顾与反思［J］.教育观察，2021，10（42）.

［2］孙溢敏.工匠精神融入高职校园文化建设的实践路径探析——以云南机电职业技术学院为例［J］.科教导刊，2022，（11）.

［3］安菲.关于高职院校校园文化建设的思考［J］.文化创新比较研究，2022，6（7）.

"三全育人"视域下高职院校校园文化建设内涵及路径研究[*]

摘　要：在"三全育人"和"十大育人"体系的背景下,加强和改进新时代校园文化建设成为当前高职院校亟须考虑的重点工作和必然要求。本研究以贵州轻工职业技术学院为例,分别从理念文化、制度文化、行为文化、环境文化四个层面解析了高职院校校园文化的主要内涵,总结了当前校园文化建设中存在的主要问题,提出了校园文化建设的有效实践路径,为高职院校营造培养德技并修的高素质技术技能人才的良好校园文化氛围提供借鉴。

关键词："三全育人";高职院校;校园文化建设;内涵及路径

中共中央、国务院印发的《关于加强和改进新形势下高校思想政治工作的意见》首次提出,要坚持全员全过程全方位育人,把思想价值引领贯穿教育教学全过程和各环节。文化育人作为"三全育人"改革中"十大育人"体系主要实施路径之一,在此背景下加强和改进校园文化建设,对于高职院校落实立德树人任务,着力培养德技并修的高素质技术技能人才具有极为深远的现实意义。

一、校园文化的主要内涵

按照深浅层次划分,高职院校校园文化主要由深层的理念文化、中层的制度文化、浅层的行为文化、表层的环境文化四部分组成,四个部分相互影响、相互促进、相辅相成、缺一不可,共同构成了校园文化的主要内涵。

（一）理念文化

理念文化是校园文化建设的核心目标和主要内容。高职院校的理念文化应当包括鲜明的政治导向、社会风尚以及具有职业教育特征的办学宗旨、办

---

[*] 本文作者：武斌儒,贵州轻工职业技术学院党委副书记、院长。

学理念、办学精神、校训、校风、教风、学风等，以体现一所学校文化精神的核心内容和根本灵魂。办学宗旨是对学校办学的根本目的、价值取向和主导思想的提炼，办学精神反映了师生员工的价值取向、信念追求和精神特质，校训是对学校独特的办学理念和办学精神的高度概括表述，校风反映了一所学校的精神面貌和性格特质，教风反映了学校教师的职业态度、职业道德、敬业精神和专业素养，学风则是指一所学校在学习方面表现出的占主导地位的、具有群体性、一贯性和稳定性的风气、氛围、习惯。近年来，贵州轻工职业技术学院逐渐提炼了具有职业教育特征和学院发展特色的"文化浸润技术·理想托起技能"的核心文化育人理念、"明德修身、精技立业"的校训、"艰苦奋斗、自强不息"的办学精神、"奋进自强、开拓创新"的校风、"厚德示范、知行合一"的教风、"励学尚能、精益求精"的学风以及"创新协同、智能智慧、开放包容、生态美丽"的发展愿景，力求把"文化"作为学好职业技术的最基本、最内在的要求，使学生在精神成人上"立"得起，在技能立业上过得"硬"，努力成为中国特色社会主义事业合格的建设者和接班人。

（二）制度文化

制度文化是校园文化建设的重要组成部分，是维系学校正常秩序必不可少的保障机制，也是校园文化建设和学校和谐发展的保障系统。制度文化往往包括法律法规之下学校特有的规章制度、管理条例、学生手册、领导体制、检查评比标准，以及各种社团和文化组织机构的职能范围等，是对学校组织内部各类成员的行为规范和管理规定。同时，制度文化还是非常重要的德育资源，它为学生提供有序、合理的学校环境，为学校成员提供理性的行为规范要求，是一所学校正常教育、教学工作得以顺利进行的条件和保证。近年来，贵州轻工职业技术学院先后制定完善了学院章程、师德师风建设工作管理办法、学生管理规定、校园文化"十四五"发展规划、关于进一步深化校园文化建设的实施意见等制度保障文件，并按照与时俱进、科学规范的原则适时梳理学院各项规章制度，广泛开展制度文件的废、改、立工作，不断健全和完善制度体系，充分发挥规章制度建设在制度文化建设中的保障作用。

（三）行为文化

行为文化是指学校长期形成的并通过各类主体的活动而展示出来的文化形态的总和，是校园日常生活中最经常、最直接感受和表达的文化形态，是推动校园文化形成与发展的内在动力之一。行为文化可以概括为学校师生员工、管理人员在学校教学、管理、科研、学习、生活以及文体活动中表现出的精神状态、行为操守和文化品位，例如政治行为文化、纪律行为文化、道德行为文化、学习行为文化、生活行为文化、消费行为文化、网络行为文化、技能技艺文化等。行为文化的厚重与否，一定程度上彰显了一所学校办学成效和办学质量的高低。近年来，贵州轻工职业技术学院积极实施"文化浸润"工程和"匠心圆梦"工程，其中以社会主义核心价值观塑造为核心，每年度春季学期组织开展"传承红色·魅力青春"红色主题文化活动月，有计划、成体系开展形式多样、内容丰富的红色系列文化活动；以彰显工匠精神和技能成才为核心，每年度秋季学期组织开展"技以载道·匠心圆梦"技能素养文化活动月，系统开展各级各类技能竞赛和文体活动，为广大师生搭建了展示风采、锻炼自我、提升素质的综合平台，营造了健康向上、内涵充实的校园行为文化氛围。

（四）环境文化

环境文化主要指以静态的物质形态方式存在的景观文化，是隐藏在学校物质表象中的精神内核，是通过校园的物质层面呈现出的文化和美的教育要素。具体来讲，环境文化包含了学校道路、楼宇、山体、水体、园林、活动场馆等校园建筑设施中所蕴含的文化要素，是一所学校物质文明建设和精神文明建设共同作用的体现。校园环境被赋予"文化"的因素后，无论一草一木、一水一石，都蕴含着学校精神和共同价值观，既能带给师生以美的享受，还能产生熏陶、感染和互相激励作用，进而发挥"润物细无声"的微妙效应。贵州轻工职业技术学院合一楼、知行堂、知知馆、澄怀山、见龙路、聚贤林、鉴池、溯源广场等校园建筑场所名称皆取自中国传统优秀文化和学院悠久的办学历史文化，同时学院以校内贵州省少数民族技艺传承中心、贵州酒文化展览馆、贵州—贵安创客联盟总部基地、大学城双创园等为有效载体，进一步加大环境文化统筹建设力度，创新打造了"一体""两翼""多点支撑"的校园文化体系，形成学院文化建设"一体汇聚、两翼共展、亮点纷呈"的整体格局。

二、校园文化建设中的主要问题

校园文化建设是一项长期的系统的工程，一般要经历一个逐步完善定型和深化的过程。一所优秀高职院校的校园文化往往需要数十年甚至上百年的不断沉淀、积累、提炼，才能形成一种理念、一种精神、一种境界。在这个过程中，主要存在起步发展较慢、重视程度不高、特色亮点不足等三个方面的问题。

（一）起步发展较慢

就贵州省大多数高职院校来说，虽然其前身多数为20世纪60—80年代成立的中专学校，有一定历史文化积淀的时间，但其文化特征具有计划经济时代明显的行业特征，文化的包容性、深邃性、传承性、哲理性都是不够的，加之成为高等职业教育办学的时间长一点的也不过才二十几年，大多数都只有十来年，短的则刚刚从中职升格而成，要确立适合自身发展的校园文化，需要一个长期探索和积累的过程。当前许多高职院校的主要工作任务仍然是征地建楼、扩充师资、教育教学、改革建设，很难有精力系统学习思考研究校园文化建设，对校园文化建设重要地位、作用的认识与理解还有较大的差距。当前，贵州轻工职业技术学院正面临校区搬迁和提质升级，同时又将面临文化建设的传承与重塑，文化建设依然任重而道远。

（二）重视程度不高

一是没有把文化建设放在与教学质量工程、硬件建设工程等重大工程建设同等的位置来考虑，缺乏长远建设的系统考虑，导致特色不突出。二是把宣传工作和文化建设工作简单等同化，有些人甚至认为这项工作不过是耍耍嘴皮、动动笔头、刷刷标语、出出墙报的事，更为严重的是还有些人认为这些工作没有实权、没有油水，以至于在这方面的工作显得有些势单力薄。

（三）特色亮点不足

这一问题主要体现在"职"的特点不够突出。高职院校的校园文化既应该具有高等教育校园文化的内涵和共性，同时还必须强调职业教育的独特属性，体现培养面向基层、面向生产、服务和管理第一线职业岗位的实用型、技能型专门人才的育人目标。但现实中许多高职院校在校园文化建设过程中，往往忽视融进更多的职业特征、职业技能、职业道德、职业理想、职业人文素质，或者是简单地呈现职业教育的就业导向性而忽略了知行合一的人文精神和社会实践的创新性、探索性，反而与普通高校的校园文化建设思路过于相似，特色亮点明显不足。贵州轻工职业技术学院在学校事业发展规划和校园文化的发展规划以及精神内核的特色塑造等具体做法上虽然亮点上注重体现"职"的特点，但载体和手段还不够突出。

三、校园文化建设的有效路径

根据教育部、省教育厅有关部署要求，为充分发挥学校作为国家"双高"院校的办学优势和引领作用，学院按照"全员育人不掉队、全程育人不断线、360度无盲区"的"三全育人"改革理念，坚持"立德树人"根本，按照

"125"的工作思路开展校园文化建设，即打造一个书院（匠心书院），拭亮两张名片（"红色传承·魅力青春"和"技以载道·匠心圆梦"两张文化活动名片），健全五个基地（创新创业基地、国防教育基地、美育教育基地、体育教育基地、劳动教育基地），实施国家"双高"背景下的"文化浸润，匠心铸魂"校园文化建设。

（一）打造"一个书院"

坚持"文化浸润技术，理想托起技能"的文化育人理念，建成融"思想教育、传统国学、职业素养、民间技艺"等教育为一体，体现工匠精神和适应现代职业教育特点的"匠心书院"，在贵州率先尝试高等职业教育"书院"文化浸润式教育模式的探索与实践。

（二）拭亮"两张名片"

持续做优做特做"红色传承·魅力青春"和"技以载道·匠心圆梦"两张名片。一是以社会主义核心价值观塑造为核心，每年度春季学期组织开展"红色传承·魅力青春"红色主题系列文化活动，形成文化浸润教育长效机制；二是以彰显工匠精神和技能成才为核心，每年度秋季学期组织开展"技以载道·匠心圆梦"文化活动月活动，系统开展各级各类技能竞赛和文体活动，形成匠心圆梦育人体系。

（三）健全"五个基地"

不断健全"创新创业基地、国防教育基地、美育教育基地、体育教育基地、劳动教育基地"。一是以创新创业学院为依托，健全完善集创新创业教育、实践、成果孵化等功能于一体的平台，建设成为学生开展创新创业科技研发、创业实践及成果孵化的创新创业基地。二是以加强国防教育和大学生征兵工作为目标导向，健全国旗护卫队、役前预征班两支队伍，具备国防教育（军事理论教育）教研室、器械库、训练场、活动室、激光打靶训练基地等功能为一体的国防教育基地。三是以艺术设计系为依托进一步健全开放式美育教育基地，不断发展创新传统艺术文化传承基地，开设美育课程，打造一批如"轻韵艺术团"等的优秀文化团队，培育一批美育优秀教学成果和名师工作室。四是以学院体育教育部为主导，健全完善能够满足学生体育教学、体能测试、运动训练、开展体育活动和进行体育学术研究、对外交流需求，场地面积充足、设施设备齐全的体育教育基地。五是依托学院新校区建设及周边农场土地、工厂车间、福利院等环境资源，在校内、校外健全完善涵盖清洁养护、培育种植、成果收获、生产制造、手工工艺等功能的大学生劳动教育实践基地，为学生参与劳动实践提供场所、创造机会、拓展渠道、搭建平台。

四、结语

在党的二十大报告中，明确提出了"全面建设社会主义现代化国家，必须坚持中国特色社会主义文化发展道路，增强文化自信，围绕举旗帜、聚民心、育新人、兴文化、展形象建设社会主义文化强国"。做好新时代的高职院校校园文化建设工作，应该坚持从党的二十大精神中汲取智慧力量，一以贯之地坚定文化自信、培育文化自觉、增进文化认同，努力为培养担当民族复兴大任的高素质技术技能人才提供强大的文化支撑和精神动力。

参考文献：

[1] 白延泉，初秀伟，刘永昌."三全育人"视角下高职院校"课程思政"建设的问题与对策［J］.黑龙江生态工程职业学院学报，2023，36（4）.

[2] 张成飞."三全育人"视域下高职院校开展中华优秀传统文化育人探索［J］.教育与职业，2023（11）.

[3] 邓栩毅.高职院校校园文化形态建设的实践研究［J］.才智，2023（5）.

[4] 罗勇，杨琴.新时代高职院校校园文化建设的探索与实践［J］.贵阳学院学报（社会科学版），2022，17（4）.

全面推进高校文化建设
努力构建"轻院素养"育人品牌*

贵州轻工职业技术学院　杜　平

习近平总书记强调:"文化是一个国家、一个民族的灵魂。没有高度的文化自信,没有文化的繁荣兴盛,就没有中华民族的伟大复兴。"高校作为精神文化高地,是推动文化传承创新和繁荣兴盛不可或缺的重要力量,为中国特色社会主义建设提供了强大的精神动力和智力支撑。高校落实立德树人根本任务,坚定文化自信,是建设社会主义文化强国的内在必然要求。新时代新形势下,把高校建设成为坚定文化自信的坚强阵地,势在必行、刻不容缓。贵州轻工职业技术学院全面贯彻落实党的教育方针,坚持"立德树人"的根本任务,按照"分阶段有特点,重养成求实效,全过程不断线,以学生为本,全面发展,协同创新"的建设思路,积极探索构建基于"课程+实践+评价"的"轻院素养"育人模式。通过全面推进"轻院素养"项目建设,旨在以培育和践行社会主义核心价值观为主线,进一步深化素质教育内涵,建立"轻院素养"培养标准,合理设计学生素养课程体系。通过建立具有高职特点和轻院特色的学生素养培育体系,使育人工作更加系统化、科学化、特色化,不断促进学生全面发展,全面提升学院人才培养质量。

一、新时代高校文化建设的价值导向

高校文化建设的目标是建设主流价值深入人心、文化传统根基深厚、学术创新氛围浓郁、高雅艺术浸润深刻、文化服务影响深远的特色文化体系,全面提升师生的文化素养、凝结文化成果,为高等教育可持续发展提供精神动力。以文化人、以文育人是高校文化建设的根本价值遵循。高校文化建设倡导全方位、全过程、全员育人,要打造全方位多层次文化育人格局,需要

---

* 本文作者:杜平,贵州轻工职业技术学院党委副书记。

进一步明确高校文化的作用和定位,聚焦学生发展的内在需求与文化引领。

(一)坚定文化自信,引领社会文明进步

思想政治工作本质上是文化育人的过程。立足国家发展大局和教育发展大趋势构建高校文化引领战略,首要的是使学生坚定文化自信,推动习近平新时代中国特色社会主义思想入脑入心。高等教育对学生成长发展的作用近年成为社会关注的热点议题,高校文化建设价值导向的目标在于使大学生树立文化自信。高校的文化育人始终要面向国家、民族的未来,而大学生作为未来社会发展的中流砥柱,其文化自信将影响整个国家和社会、一个时代甚至更为久远。同时,高校文化是社会文化不可或缺的重要组成部分,也是引领社会文明进步的关键部分。高校文化育人必须服务于国家建设和社会发展,为实现中华民族伟大复兴提供人才支持和智力保障。因此,高等教育要根植于中华优秀传统文化、红色革命文化和社会主义先进文化,同时构建高校优秀文化,培养担当民族复兴大任的时代新人。

(二)聚焦立德树人,服务育人根本任务

建设怎样的高校文化直接关乎"培养什么人、怎样培养人、为谁培养人"这一教育的根本问题。育人之本,在于立德铸魂。文化实力取决于其核心价值观的生命力、凝聚力、感召力。大学生既是高校文化的创造者和参与者,通过自身实践活动创造出新文化,同时大学生也是高校文化的发展方向,以立德树人作为根本出发点,始终坚持以文育人的价值导向,全面服务学生的发展需求,将学生培养成适应新时代发展需求的人才。为了发挥高校文化育人功能,我们需要精准把握新时代大学生的思想行为特点与成长规律,紧紧围绕文化育人的核心任务,倾听学生发展诉求,鼓励学生参与实践,积极创造和形成促进学生发展的文化环境。

(三)优化协同机制,构建高校文化核心

高校要实现人才培养的重要目标,必须发挥文化引领作用。文化引领战略是对"传统教学"的突破,文化的育人作用并不是直接的显性教育,但其提供了学生全面发展的情境与互动场景,创造了浸润式的教育氛围。学生发展理论强调,要从学生的情感和兴趣出发创造促进学习的良好氛围,激发学生主动参与的能动性,促进师生协同发展。这为文化引领战略体系的构建提供了基本遵循,要求高校文化建设必须聚焦培养对象、细化文化内容、明晰建设路径、凸显育人成效,完善高校文化建设的分层分级规划。当前,要围绕大学章程推进高校制度文化、民主管理、组织建设,形成制度保证、民主监督、组织凝聚的高校组织文化体系,这是高校文化和人文精神的核心所在。

只有通过优化制度和管理平台建设，提高管理的科学性，保障制度规定与制度文化的一致性，才能实现制度文化、管理文化与育人目标之间的深度契合。

二、"轻院素养"育人模式的内涵

学院以"全面发展的人"为核心，结合轻院文化，启动建设具有高职特点和轻院特色的学生素养培育体系；建立以素质育人为核心的"轻院素养"六大课程模块，采用了"课程+活动+评价"的组织形式，全方位、多维度、分层次培育学生的综合素养；通过建立"轻院素养"培养标准，合理设计学生素养课程体系，确定具体实施路径，逐步建立了具有轻院特色的学生素养培育体系。

（一）创新实施途径，合理设计学生素养课程体系

轻院学生素养结构模型以"全面发展的人"为核心，从素质教育的理念出发，结合轻院文化，建设具有高职特点和轻院特色的学生素养培育体系，制定"轻院素养"六大模块，首创贵州省高职院校综合素养课程体系，分别是：思想政治、行为养成、实践创新、人文科学、身心健康、职业素养。开展基于素养培养的相关课程的校本化研究与开发，开发《劳作教育》《国防军事教育》《创新创业教程》等特色课程，建立课程体系。学生通过对六大类21门课程的学习，六大类20种活动的参与，拓宽了知识面、专业面和特长，有效提高了综合素养。通过课程体系的推行实施，我院学生的综合素养得到显著提升，增强了文化自信。

（二）建立两个评价体系，为学生素养评价提供机制保障

学院围绕"轻院素养"学生素养培育体系，构建以"学生综合素养评价体系"和"学生素养工作评价体系"为中心的"轻院素养"人才培养质量动态评价体系。学院围绕"轻院素养"学生素养培育体系，提出了轻院学生发展素养及综合素质评价的标准，搭建了融学生综合素质培养与教育管理于一体的学生综合素质管理评价平台。通过学生综合素养培育质量监控、评价与保障体系的建设，构建了以"学生综合素养评价体系"和"学生素养工作评价体系"为中心的"轻院素养"人才培养质量动态评价体系，使学院育人工作更加系统化、规范化、科学化，使学生文化基础、自主发展、社会参与三个方面的素养协同推进，形成全员、全过程、全方位的育人工作格局。同时，学院成立学生素养工作领导小组，建立了"学生素养工作评价体系"，形成以学生处、团委、教务处、保卫处、学生资助中心、招就办等相关部门多元协调的工作机制，对系部学生工作进行综合评价，全面统筹地指导素养培育工

作的开展。

（三）突出文化内涵，创建有轻院特色的"一系一品"高职文化育人品牌

学院从2014年启动创建有轻院特色的"一系一品"文化建设项目，基于学生综合职业能力培养，以提升学生职业素养与职业品质为核心，融入行业企业职业标准，进一步增强学生综合素质的提升，构建"一系一品"育人平台。通过项目载体明确"一系一品"的建设内涵、任务目标、创建举措，着力突出效果、形成特色。全院七个系紧紧围绕学生思想政治工作的主线和学生职业素质教育的特点，结合自身专业和系部文化特色，培育和打造了"微笑经管""质量建工""多彩艺术""数说信息""出彩机电""健康轻工""最美人文"等七个系部文化品牌，为素养教育提供载体，逐步形成"一系一品"专业质量文化特色品牌的育人平台。

三、新时代高校文化建设的路径创新

高校必须高度重视大学生文化自信培育面临的挑战，遵循理论、历史与实践的统一，把握文化的碰撞、交流与融合，推进大学生文化自信培养的理念创新，完善大学生文化自信培养的理论体系，丰富大学生文化自信培养的实践形式，加强大学生文化自信培养的队伍建设，把握大学生文化自信培养的路径，推进国家的文化战略，增强实现中国梦的青春力量。学院落实立德树人根本任务，必须加快构建高校思想政治工作体系，完善大学文化体系建设，全面提升学校的文化品质，围绕"明德修身融轻院素养，精技立业铸职教人才"，通过积极培育校园文化品牌，厚植工匠精神文化，传播国学黔学文化，努力涵养大学精神，逐步形成轻院学生素养文化育人品牌，不断提升文化育人的针对性和实效性。

（一）坚持"文化校园"育人理念，顶层设计校园文化

我们要在顶层设计上建立高校文化培育的领导机制、激励机制和保障机制，完善高校文化自信培育的理论体系，积极推进"六结合"，即与践行社会主义核心价值观相结合、与专业特色相结合、与素质教育相结合、与传承优秀传统文化相结合、与创新创业相结合、与新媒体建设相结合打造校园文化品牌。要汲取中华优秀传统文化的精华，创造性地发扬其中的精神价值，用优秀的传统文化培育大学生文化自信。同时，研究和整理红色文化，用红色文化筑起大学生文化自信的支柱；弘扬以社会主义核心价值观为核心的社会主义先进文化，深刻阐释其内涵和渊源，用社会主义先进文化培育引领大学

生文化自信。

（二）打造"文化引领"育人平台，强化创新校园文化

文化育人具有持久性与渗透性，文化建设是潜移默化、润物无声的，而文化建设的方法、载体必须是有形的和可感的。高校文化建设要在文化载体上不断探索新平台、新形式，以适应师生日益提升的文化需求，在环境文化上建设与大学精神相匹配的文化场所、文化设施、配套体系。要加强文化载体建设，传播大学文化理念；拓展网络新媒体，主动占领舆论新阵地，充分发挥网络育人功能。要健全完善院系两级开学典礼和毕业典礼制度，强化仪式育人的实效。在文化符号上提炼大学精神的表述传达系统，加强文化符号设计、提炼、充实与创新，讲好校徽校训校歌的故事，深化校训校徽的文化内涵，推广普及传唱校歌，制作发布统一的视觉符号系统，打造学校的品牌识别形象，增强师生的文化认同。

我们在学院新校区建设中要优化教学楼、宿舍楼、食堂、实训室等楼宇文化建设，建设校园文化艺术长廊，坚持以美育人、以美化人，提升校区的文化美学品位，构建有文化记忆和情感共鸣的文化场景。教学楼宇、宿舍、食堂、公共空间应成为文化育人的重要载体。系统规划景观建设，建设文化景观亭、文化故事墙，拓展美术馆、校史馆等的教育功能，传承学校文化，构建文博育人新格局。

（三）构建以学生为中心、全员参与的多元圈层主体

高校文化参与主体包括学生、教职员工、校友、社区和社会共建对象等，高校要围绕组织机构、队伍建设、经费保障，积极构建以学生为第一圈层、以教职员工为第二圈层、以校友为第三圈层、以社会为第四圈层的全员参与的多元圈层主体，形成从上至下、由内而外的内生推动力，不断增强师生的文化和价值认同，提升师生的人文素养和创新活力。我们要增强中华文化的吸引力和感召力，筑牢中华民族共同体意识，围绕以中华优秀传统文化、红色革命文化和社会主义先进文化为代表的中国特色社会主义文化，筑牢文化自信之基。社会服务是高校文化建设的重要途径，是高校秉承社会责任理念的行动实践。高校应积极参与城市、社区建设，以文化服务凸显其文化辐射力，围绕志愿服务、文化共建、乡村振兴等领域拓展文化育人功能，鼓励师生广泛开展社会实践、挂职锻炼、科研合作等。

高校文化建设是一个长周期的重要战略工程，需要持之以恒、久久为功。贵州轻工职业技术学院要充分认识文化育人的价值所在，积极探索文化育人的有效路径，不断加强高校文化建设的统筹规划和引领建设，将自身打造成

文化传承和创新的高地,在服务全省"四化"的征途中积极作为,为贵州高等职业教育发展谱写新篇章。

参考文献:

[1] 沈丽丹,舒天楚. 新时代高校文化建设的内涵挖掘与路径探索[J]. 思想理论教育,2021(8).

贵州轻工职业技术学院特色校园文化建设的探索与实践[*]

习近平总书记在全国高校思想政治工作会议上指出："加强高校思想政治工作，要注重文化浸润、感染、熏陶，既要重视显性教育，也要重视潜移默化的隐性教育，实现入芝兰之室久而自芳的效果。"校园文化作为高校思想政治教育工作的载体，对引导大学生树立正确的价值观影响深远，在"三全育人"中发挥着极其重要的作用。

贵州轻工职业技术学院作为"中国特色高水平高职学校"（以下简称"双高院校"）建设单位，在"一加强、四打造、五提升"的建设任务中，校园文化建设是其重要内容。因此，不断加强校园文化建设，挖掘其育人的功能，形成特色校园文化品牌，推进校园文化育人创新具有重要的意义。

一、校园文化释义

综合近年来学术理论界的研究成果，高校校园文化是指高校在高校校园区域、在办学过程中，由学校管理者和广大师生员工在教育、教学、管理、服务等活动中创造形成的一切物质形态、精神财富及其创造形成过程的总和，包括以下几个方面：

（一）物质文化

物质文化是校园的空间物质形态、物质设施和物质环境，包括教学设施、服务设施、办公设施、实习场地、环境绿化、园林景观、各种被命名以及被标识等表现出来的以具体的物质形态为依托，能被广大师生所感知，能折射出校园特征的物质载体。

（二）行为文化

行为文化是高校在办学治校过程中长期形成的，并通过校园师生行为活

---

[*] 本文作者：孟永国，贵州轻工职业技术学院党委委员、副院长。

动而展示出来的群体心理、思维方式和风俗习惯等具有外显性文化形态的总和。主要包括教学、科研、管理行为、学生日常学习生活行为等方面，集中体现为校风、教风、学风、班风、学术风气、人际关系等群体行为，以及文体活动、社团活动、闲暇娱乐生活、生活方式等展示出的精神心态、行为操守和文化品位。

（三）制度文化

制度文化是高校在办学治校过程中，在动态变化中探寻出适合学校治理的公约守则、规章制度、价值观念、道德行为约束以及管理方式等内部运行机制，包括规章制度、行为准则和约定俗成等方面正式和非正式、强制和非强制、有形和无形的适当行为方式和行为准则规范。

（四）精神文化

精神文化是高校在长期办学治校过程中，根据自身特色、办学理念、价值观念、理想信念、心理氛围、道德规范和优良传统，沉淀、提炼出来的精神形态层面的外在表现形式，包括办学理念、校训、校徽、校歌、校旗、校风、教风、学风等，能潜移默化地影响师生价值观、行为方式和精神风貌等诸方面。

二、贵州轻工职业技术学院特色校园文化建设

贵州轻工职业技术学院于 2004 年 2 月经贵州省人民政府批准由建于 1978 年的贵州省第一轻工业学校和建于 1979 年的贵州省第二轻工业学校合并成立，隶属于贵州省教育厅。

学院地处花溪大学城，占地面积约 66 万平方米，建筑面积 37 万平方米。是中国特色高水平高职院校建设单位、全国优质高职院校、全国职业教育师资培养培训重点建设基地、全国毕业生就业典型经验高校、全国创新创业典型经验高校、全国首批诊改试点学校、全国首批现代学徒制试点院校、全国第四届黄炎培职业教育优秀学校；是一所以工程技术、信息技术、工艺美术、经济管理、食品工程、旅游服务等专业为主的全日制综合性公办高等职业技术院校。

学院高度重视校园文化建设，传承原第一轻工业学校、第二轻工业学校优秀的办学传统和治学精神，充分发挥文化的"导向""凝聚""激励"和"调适"功能，按照"以人为本、文化育人、协调发展"理念，推进形成与学院提质升级相适应的物质文化、行为文化、制度文化和精神文化，打造富有高等职业教育特点的特色校园文化。

（一）以新校区建设为契机，提升物质文化水平

高标准规划建设花溪大学城新校区，形成既有职教特色又有高校特点的育人环境。

2009年12月，学院获批在花溪高校聚集区（后称"大学城"）建立新校区，占地面积66万平方米，办学规模11000人。学院紧紧抓住新校区建设和与贵州师范大学的本科院校聚集办学的契机，高起点、高标准规划校园建设。结合新校区地形地貌、规划布局、职教特色、高校文化，明确校园规划建设理念为：环境美好、职教特色、轻工元素、高校文化、产教融合。学院在高标准完成新校区硬件建设的基础上，结合实际，广泛征集楼体、道路、山、水、景观命名，赋予其文化内涵。列举如下：

楼体：行政办公楼曰"合一楼"，寓意：明德与精技合一、修身与立业合一之意。图书馆曰"知知馆"，寓意知是基础，知恻隐、知是非、知辞让、知羞恶，下学而上达。学生活动中心曰"知行堂"，寓意知行互融，体用兼备。一食堂曰"润丰厅"，寓意"瑞雪兆丰年"。二食堂曰"五谷厅"，寓意五谷杂粮，养育身体，引导同学们不挑拣，不浪费，忆苦思甜。人文艺术楼曰"踵美楼"，寓意继承前人的功业、美德，契合继承民族和世界追求真善美传统的艺术职业取向。公共教学楼曰"厚积楼"，寓意"厚积薄发"，契合公共课程夯实基础之意。工学组团五号楼曰"崇匠楼"，寓意崇尚巨匠、大师，契合职教特点……

道路：一号路（环形）曰"中安路"，"不偏不倚"，故为"中安"。二号路曰"望城路"，一轻之"望城坡"旧地，寓意溯源以示不忘本。四号路曰"栖凤路"，寓意吸引人才来居之地，声名远播……

山水园林景观：广场曰"溯源广场"，寓意追根溯源，继过往以开将来。水体曰"鉴池"，寓意用清澈的池水润泽心灵。松林曰"聚贤林"，寓意人才济济，师生团结和谐，共聚一堂。一号山体——澄怀山，二号山体——来凤山，亭子——介然亭，教师宿舍——朝夕园……

学生公寓1~8栋分别为动静苑、起伏苑、进退苑、闲碌苑、智勇苑、张弛苑、章微苑、易难苑，将物理设施予以文化内涵，传达教育勉励意义，构建校园折射育人功能。

（二）结合职业教育的特点，培育行为文化

结合职业教育和学生的特点，行为文化不仅是校园文化建设的重点内容，也是学校管理和实践创新的突破环节，对于高职院校提升办学水平，实现向高质量、内涵式现代职业教育转型具有十分重要的积极意义。校园行为文化

建设的关键群体是学生，多年来，我们重点从学生的行为养成和职业性方面培育行为文化。

1. 精心打造"轻院素养"育人特色

学院全面贯彻落实党的教育方针，坚持"立德树人"的根本任务，以培养"全面发展的人"为核心，积极探索构建基于"课程+实践+评价"的"轻院素养"育人模式，旨在以培育和践行社会主义核心价值观为主线，进一步深化素质教育内涵，建立"轻院素养"培养标准，合理设计学生素养课程体系，全面推进"轻院素养"项目建设，并获得2018年省级职业教育教学成果二等奖。一是创新实施途径，合理设计学生素养课程体系。轻院学生素养结构模型以"全面发展的人"为核心，从素质教育的理念出发，结合轻院文化，建设具有高职特点和轻院特色的学生素养培育体系，制定"轻院素养"六大模块，分别是：思想政治、行为养成、实践创新、人文科学、身心健康、职业素养。通过课程体系的推行实施，学生的综合素养显著提升，文化自信得到增强。二是完善机制保障，构建"轻院素养"人才培养质量动态评价体系。学院围绕"轻院素养"学生素养培育体系，提出了轻院学生发展素养及综合素质评价的标准；通过学生综合素养培育质量监控、评价与保障体系的建设，构建了以"学生综合素养评价体系"和"学生素养工作评价体系"为中心的"轻院素养"人才培养质量动态评价体系，使学生文化基础、自主发展、社会参与三个方面的素养协同推进，培育学生行为文化。

2. 系统建设"一系一品"育人品牌

学院从2014年启动"一系一品"文化建设项目，基于学生综合职业能力培养，以提升学生职业素养与职业品质为核心，融入行业企业职业标准，进一步增强学生综合素质的提升，构建"一系一品"育人平台。通过项目载体化建设，明确"一系一品"的建设内涵、任务目标、创建举措，着力突出效果、形成特色。全院七个系部先后结合自身专业特点和系部文化特色，提炼了"微笑经管""质量建工""多彩艺术""数说信息""出彩机电""健康轻工""最美人文"等七个系部文化品牌，为素养教育提供载体，逐步形成了"一系一品"专业质量文化特色品牌的育人平台。通过积极培育校园文化品牌，厚植工匠精神文化，传播国学黔学文化，努力涵养大学精神，"以文化人"的思想政治教育成效彰显。

3. 升级打造"两张名片"

学院在"轻院素养"特色文化载体的基础上，进一步提炼"文化浸润技术，理想托起技能"育人理念，把"文化"作为办好高等职业教育最基本、最内在的元素，实现技术技能的快速提升和精神塑造的双线并进。按照"坚持以文化人与专业培养相结合、氛围营造与内涵提升相结合、总体推进与重点实施相结合、整体统筹与分工负责相结合"的原则，从2018年下半年开始，学院启动实施了以"技以载道·匠心圆梦"为主题的技能素养文化活动月（每年11月）和以"传承红色·魅力青春"为主题的"红五月"文化活动月（每年5月），力求通过有计划、成体系地组织开展形式多样、内容丰富的系列文化活动和各级各类技能竞赛及文体活动，并形成常态，不断提升轻院文化品质，通过实施"文化浸润工程""匠心圆梦工程"，推动校园文化体系建设整体提质升级，形成一定的品牌效应。

（三）以办高职教育为起点，重构制度文化

贵州轻工职业技术学院的办学基础是建于1978年的贵州省第一轻工业学校和建于1979年的贵州省第二轻工业学校，两所均为中等职业学校。2004年2月合并升格后，为适应高等职业教育发展的需要，把建章立制作为头等大事来抓，以章程为统领，重构制度，推动内部治理，打造制度文化的价值内核。

1. 建立健全制度

建校初期，拟定了《贵州轻工职业技术学院章程》（以下简称《章程》），2018年修订《章程》，2019年经省教育厅核准。在《章程》的统领下，学院按照上级党委和政府以及主管部门的要求，制定了《贵州轻工职业技术学院教职工代表大会制度》《贵州轻工职业技术学院党委会议事规则》《贵州轻工职业技术学院院长办公会议事规则》《贵州轻工职业技术学院教学管理规定》《贵州轻工职业技术学院学生管理规定》《贵州轻工职业技术学院科研管理办法》等一系列包括党政管理、教育教学、学生管理、科学研究、后勤服务等100余项规章制度。

2. 完善体制机制

建立了教职代会、党委会、院长办公会、系部党政联席会、处务会等决策机制，建立了学术委员会、教学工作委员会、学生思想政治工作领导小组、安全稳定工作领导小组等议事制度，形成了制度管人、流程管事的制度体系、决策机制和师生员工遵章守纪、规范运行的制度文化。

（四）以传承优良传统为积淀，打造精神文化

学院秉承贵州省第一、第二轻工业学校优良的办学传统，守正创新，沉淀提炼，形成了包括办学理念、校训、校徽、校旗、校风、教风、学风等具有潜移默化影响师生价值观、行为方式和精神风貌的精神文化。

1. 学院精神：艰苦奋斗、自强不息

学校建校之初师生边学习边自己动手，自建校园，艰苦奋斗，乐观向上，自强不息。

2. 办学理念：文化浸润技术、理想托起技能

体现职业教育的特点，文化技能双育人，学生实现出彩人生。

3. 校训：明德修身、精技立业

"明德"，出自《礼记·大学》，通过教育引导启发学生，培养形成优良品德。"修身"，寓意学院师生自省以使自己心灵纯洁、诚信待人。"精技立业"，号召学院师生掌握精通职业技能，教职工能提高自身职业素质与技能，职业技术学院培养的学生能有相应合格的职业技能，满足社会需求，成为合格职业人才，反映了学院的办学宗旨与办学理念。

4. 校风：奋进自强、开拓创新

"奋进自强"："奋进"意指振奋向前、奋勇前进，象征学院不甘人后、艰苦奋斗的精神面貌；"自强"意指自我勉励，奋发图强，不甘落后，振奋精神，时刻担负起时代赋予的重任。"开拓创新"："开拓"意指开拓和扩展，从小到大地发展、扩大，象征学院从百人小校到万人学堂的发展历史；"创新"意指人类特有的认识能力和实践能力，更是学院发展、各项事业进步的不竭动力和发展灵魂。

5. 教风：厚德示范、知行合一

"厚德示范"：重公轻私，谓之"厚德"。作为老师应该正确认识和看待德才之间的辩证关系，引导学生首先树立正确的世界观、人生观和价值观；"示范"意指做出榜样或典范，作为老师不仅要教书育人，更要成为学生行为举止和为人处世的榜样。"知行合一"："知"是探索和学习，探索世界未知事物的本质，"行"是将"知"的积累应用到现实世界的改造中，为社会创造价值；"合一"意指"知"和"行"要合而为一，合成一体。一方面强调道德意识的自觉性，要求人在塑造内在精神上下功夫，另一方面重视道德的实践性，要在实践中做到言行一致，表里如一。

6. 学风：励学尚能、精益求精

"励学尚能"："励学"出自清朝学者梁章钜《归田琐记·谢古梅先生》"先生敦品励学，实为儒宗"，意指磨炼意志，发奋学习；"尚能"意指崇尚技能，充分体现了职业院校"重技能、重实操"的特点，有知有识、知行递变，也是培养高素质技能型人才的体现。"精益求精"：意指每干一件事，便应发挥到极致，号召学生要坚持技能技术培养与文化知识学习并重，久久为

功而不改初衷，精益求精而臻于至善，努力成为祖国和人民满意的、富有创新精神和德智体美劳全面发展的高素质技术技能型人才。

7. 校徽

以学院英文字母"GILI"的首字母"G"为元素，变形为动感的圆弧和高飞的大鹏鸟，圆弧造型简洁有力，象征学院科学现代的管理与教育理念。又似一个时空隧道的入口，大鹏鸟正向其振翅飞去，象征学院职业教育事业发展无限广阔的空间和灿烂的明天，飞翔象征学院教育事业的发展和人才的腾飞，组成鹏鸟的上下两个部分突出多学科、多层次、多门类、多学制的综合性高等职业技术学院的特征，并形成汉字"工"，代表"轻工"，体现学院的属性与办学方向。图形整体简洁生动、催人奋进、充满朝气，象征学院积极进取、开拓创新、争创辉煌的精神风貌、时代气息和昂扬斗志。

校徽采用蓝色，象征着教育事业的深沉、博大、宽容，同时蕴含了对轻院学子"天高任鸟飞，海阔凭鱼跃"的勉励之意，又表达了轻院各项事业腾起的美好愿景！

图 1　贵州轻工职业技术学院校徽

8. 校歌：放飞金色的梦想

"蓬勃青春在这里自由地绽放，芊芊松柏在这里成长为栋梁"，体现了学院的地域特色，描绘学院新校区校园内的青年学生的朝气和松柏相映。

"思雅河情悠悠润物细无声，滋养着轻工业明天的希望"，体现学院新校区处于贵阳花溪的思雅河，体现学院发展对我省轻工业的贡献。

"明德修身，精技立业，强壮着高原腾飞的翅膀。艰苦奋斗，自强不息，莘莘学子在这里放飞金色的梦想"，融入了学院校训和学院精神的内容，集中表现学院的社会职能和育人价值，寄语学院在全省的发展。

"书声琅琅酝酿着激昂的乐章，踌躇满志去创造明天的辉煌。树人才重质量德才兴校，为中华奉献出桃李芬芳"，一方面体现了学院的学生朝气蓬勃、

33

充满活力、勇于进取的精神面貌；另一方面表现的是学院意气风发、勇往直前的拼搏精神，蕴含了学院肩负着社会重任——培养广大学子充分发挥专业技能、服务社会的职业理想，全面展现学院为社会奉献力量的事业追求。

“工学结合，教学相长”，主要突出学院重在培养应用技能型职教人才的特色。

“职教的天空中托起一轮崭新的太阳。”作为收尾句，气势恢宏，震撼人心。意在鼓舞士气，让每一位学子时刻做好准备，珍惜光阴，日新其德，日蓄其能，寄语学院发展成为我省培养职业教育技能人才的重要基地，彰显了轻工职院将以雄厚的实力走在我省职业技术教育行业前沿的远大目标。

放飞金色的梦想

（贵州轻工职业技术学院院歌）

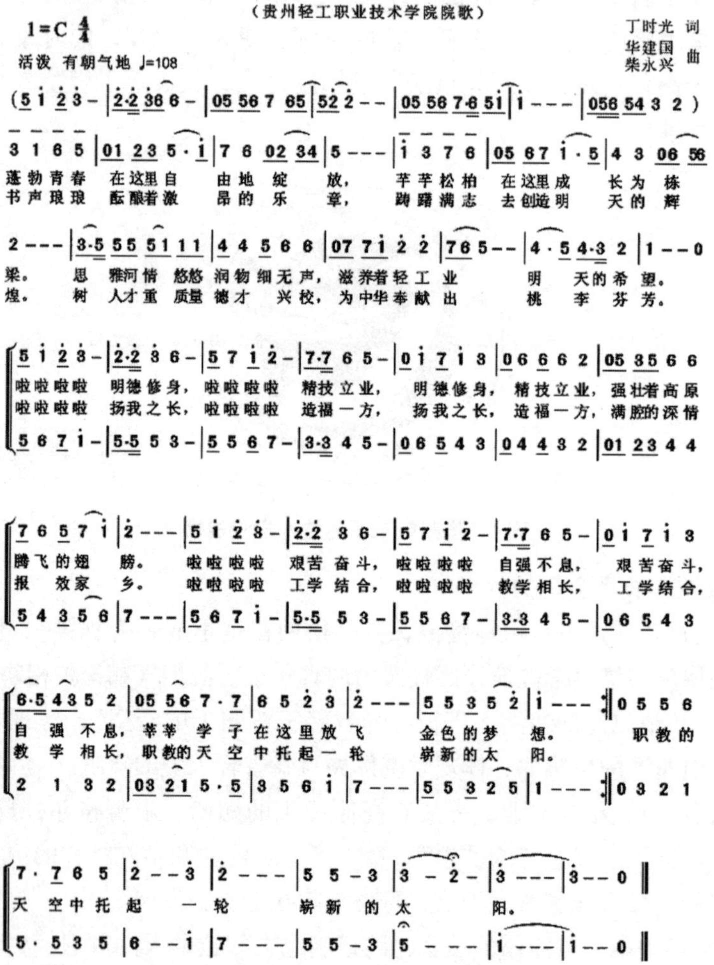

图2 贵州轻工职业技术学院校歌

三、贵州轻工职业技术学院特色校园文化建设的问题

（一）办学沉淀不足

文化是需要历史沉淀的。高等职业教育在我国发展的历史相对较短，20世纪80年代后期才真正进入规模化发展阶段，历史积淀较少，校园文化传承更显薄弱。贵州轻工职业技术学院于2004年成立，面对高等教育的大众化发展，高职教育将主要精力集中在招生、人才培养、基础设施建设等硬件方面建设，或多或少地忽视文化建设，办学历史沉淀不足。

（二）建校基础薄弱

学院的建校班底是两所中职学校，校园面积总计不足1500平方米，办学条件较差，办学基础薄弱。且当时面临着生存的问题，也就难免忽视了校园文化建设工作，相关工作开展滞后，同时受建设初期存在组建前学校文化环境的差异及其影响，使得一段时期内的校园文化建设绩效不明，既要摆脱原有不同文化差异的禁锢与羁绊，又要采取措施不断融合不同文化背景，形成文化合力，塑造特色鲜明的校园文化。

（三）认识不够，缺乏整体规划

没有充分认识到校园文化建设的战略作用，重发展轻文化，重视生源与就业、申报指标等硬性指标的建设，忽视文化建设，更谈不上对校园文化建设战略的研究。对文化的教育功能认识不足，存在短视。由于认识上的偏差，缺乏顶层设计，缺乏整体规划，缺乏系统推进，进而使文化建设工作迟滞。

四、贵州轻工职业技术学院特色校园文化建设的建议

（一）潜心做好文化传承创新

校园文化是汇集教师、学生和管理者共同创造的精神成果，是长期积累沉淀的优秀文化理论以及实践的精华，也是陶冶情操、价值导向、教育和培育人才的重要前提。传承好、守护好优秀的校园文化是每一位教职工的责任和使命。每一位教职工只有对优秀的校园文化真正做到价值认同、情感认同和行为认同，才能潜心做好传承，才能守正创新。

（二）潜心做好顶层设计

结合学院将再次建设搬迁新校区的实际，要在传承优秀特色校园文化的基础上，高站位、高起点规划校园文化，使其更具规范性、整体性、系统性，做到传承与创新相结合、普遍和特殊相结合、统一与多样相结合。

（三）潜心打造特色文化育人品牌

结合"三全育人"，潜心打造"轻院素养"育人特色、"一系一品"育人品牌、"文化浸润"和"匠心圆梦"两张校园文化名片、"匠心书院"等文化品牌，形成具有代表性、识别性的文化符号。

参考文献：

［1］郭瑞鹏，李良，张鹏鹏．高校校园文化育人的内涵及路径创新研究［J］．河南教育（高等教育），2021（11）．

［2］焦爱萍．制度文化构建视角下提升高职院校现代治理能力的策略和实践探索［J］．中国职业技术教育，2020（31）．

［3］李亮．高校新校区校园文化建设问题研究［D］．河北师范大学，2018．

"三全育人"视域下高职院校网络文化育人路径探索与实践*
——以贵州轻工职业技术学院为例

摘 要： 坚持"三全育人"开展网络文化育人是顺应时代发展趋势，全面落实立德树人根本任务的必然举措。贵州轻工职业技术学院聚焦网络文化育人载体、内容和平台建设中存在的问题，构建"平台"—"内容"—"团队"三位一体网络文化育人模式，做实指尖上的思政教育。

关键词： 三全育人；网络文化；三位一体

中共中央、国务院《关于加强和改进新形势下高校思想政治工作的意见》提出了坚持全员全过程全方位育人（简称"三全育人"）的要求。高职院校作为文化育人的主要阵地和网络育人前沿阵地，承担着夯实思想政治教育、传承优秀传统文化、筑牢文化自信根基、培养高素质技术技能人才的重任。贵州轻工职业技术学院在挖掘和培育校园文化成果过程中，充分认识网络文化育人的价值意蕴，系统分析网络文化育人的现实困境，构建"平台"—"内容"—"团队"三位一体网络文化育人模式，探索具有轻工特色的网络文化育人品牌。

一、"三全育人"视域下网络文化育人的价值意蕴

习近平总书记在2016年全国高校思想政治工作会议上指出，互联网突破了课堂、高校、求知的传统边界，对学生的影响越来越大。从一定意义上说，谁赢得了互联网，谁就赢得青年。加强网络文化育人是落实"三全育人"的内在需求，是培育时代新人的必然之举，意义重大。

---

* 本文作者：暨星球，贵州轻工职业技术学院党委委员、党委宣传部（统战部合署）部长。

（一）拓展思政教育维度

网络时代的重要特点就是时时有网络、处处有网络、人人用网络。根据中国互联网络信息中心发布的第48次《中国互联网络发展状况统计报告》显示，截至2021年6月，我国网民规模为10.11亿。30岁以下的网民占比33%，人均每周上网时长为26.9个小时。当前，在疫情常态化防控和多点散发的影响下，网络教学基本上成为每所学校的标配。尤其是QQ、微信、钉钉、腾讯会议等平台的出现，以信息技术的迭代为教育教学延展了时空。思政教育在突破了时空界限后如何利用网络方便快捷、互动频繁、方式多样的特点转换为更有效的方式方法以占领舆论主阵地比以往任何时候要求更高、更具体。

（二）提升管理服务效度

当前，高校正在推进"一站式服务"，通过信息化技术实现服务的集成、整合，通过提供标准化模式形成整体统一的管理与服务方式，提升校园信息化水平。在此基础上开展网络文化育人有利于通过网络与现实的链接，将学校良好的管理文化、制度文化、行为文化从现实映射到网络，提升管理服务效度。

（三）彰显文化育人温度

融媒体时代到来，知识传播途径不再单一，合理利用好网络媒体资源，可以极大提高思政育人的质量和效果。网络载体既蕴藏着丰富的思政育人资源，也拥有"面对面""键对键""一对多""一对一"等丰富的交流形式，通过深挖网络载体中的思政育人资源，善用网络交流学习方式，可将网络文化圆润融入思政教育各个环节，运用网络载体构建高效思政教育新格局。

二、存在问题

（一）网络文化育人载体过"泛"

随着网络的发展，部分高职院校已逐渐意识到校园网络文化建设的重要性，除传统校园新闻网外，纷纷建立官微、官博，甚至在快手、抖音、易班、钉钉等各类新媒体平台建立官方账号。据统计，有学校需要学生下载的各类App达十多个，需要关注的不同类型的微信公众号多达三四十个。网络文化育人载体"泛化"现象突出。载体过多带来的不良影响是管理和内容都很分散，网络文化育人无法形成集中宣传优势。每个载体立足于设置者的角度，有的仅局限于发布新闻、重大方针政策、通知信息，有的仅限于学生请假，有的仅限于成绩查阅，有的仅限于社团管理，未能做到围绕师生关注点，挖掘新媒体平台的多元功能,通过整合提升服务质量。

(二)网络文化育人内容偏"淡"

目前网络载体主要以满足日常教学管理的需要为目的,网络文化形式单一化、固定化,内容单调乏味,忽视了"00后"大学生的个性需求,导致教育效果弱化。与之相对的是,作为网络文化的供给侧,一些学校过于迎合学生的需求,靠网络作品"标题党"吸引眼球而缺乏实际内涵,影响力和教育效果大打折扣。在短视频快速发展的阶段,信息量之大、发布速度之快、信息"淹没"的风险之大,给高职院校校园网络文化产品供给带来极大考验。如果缺乏创新,网络平台则无法"吸粉",而如果缺少运行机制保障优质内容的持续输出,自然无法长效"吸粉",网络文化的育人功能也无法有效实现。

(三)校园网络文化育人队伍较"散"

平台运营商和内容发布者的网络文化素养直接影响着网络文化育人的实际效果。当前,高职院校还存在缺乏前瞻性思维,不能及时准确把握网络社会中的核心问题,存在被动应对网络舆情的风险;互联网思维有限且相关理论培训不足,存在内容因没有贴近大学生、"不走心"的偏差;对网络文化新特性研究不足,对网络文化育人载体的运用不够熟练且存在滞后性,导致文化产品质量参差不齐,不能有效地促进大学生文化自信的生成。究其根本原因,主要是团队水平有限实力不足,缺少从思想高度和现实深度上真正引领风潮的"意见领袖"。

三、贵州轻工网络文化育人实践

习近平总书记在全国高校思想政治工作会议上指出:"要运用新媒体新技术使工作活起来,推动思想政治工作传统优势同信息技术高度融合,增强时代感和吸引力。"贵州轻工职业技术学院作为国家双高校"大数据技术与应用"专业群建设单位,通过首批"质量诊断与改进"试点、信息化建设等重点项目推进,不断推进智慧校园建设,已经初步构建起常规事务网上"一键办理",智慧教室线上线下"混合式教学",中国大学生在线、易班等校园文化在线平台搭建网络"社区"式管理模式等。在"三全育人"的总体框架下,学院以校园文化建设为重点,以网络平台为载体,以信息化技术手段为支撑,立足"平台""内容""团队"三大元素,推动网络文化育人的"轻工实践"。

（一）互联互通：打通网络育人全平台，构建网络育人新格局

1. 整合资源，创新服务

针对校园信息化、智能一体化建设，打造多端覆盖的综合媒体平台，持续加强信息与数据共享，实现学籍、资助、教务、学工、生活、财务、人事、档案等与师生事务相关的核心业务信息资源共通、共享，建立融教育、管理与服务一体的综合智慧校园平台。优化校园信息平台的信息发布、业务服务和咨询功能，将其打造成一个整合了思想教育、教学科研、生活服务、文化娱乐等多功能的集群化、系统化、网络化平台，逐步实现班班有网络平台、人人有网络空间、办事有网络窗口、活动有网络载体的"网上校园"格局。目前，贵州轻工在校内平台方面已经建成校内各大功能模块的综合性平台，实现了"一网通办"；校外平台方面已经和多彩贵州网达成全面合作协议，在众望App上共同打造"职教筑梦"平台，作为对外宣传的主要窗口。

2. 信息革命，科技赋能

贵州轻工职业技术学院基于智慧校园平台，构建大数据分析系统、预警管理系统。目前，学院"一网通办"的业务数量超过70%，通过运用云计算、大数据和人工智能等技术，将来自校园教务系统、资助系统、图书借阅管理系统、一卡通系统、宿舍管理系统和其他相关系统的数据整合，通过数据提取、筛选和加工，创建了反映学生个性、习惯等多个维度的用户行为特征，形成反映学生心理健康、生活状况和社会关系等多维度的学生画像，实现更科学、更精准地了解学生动态，对学生异常情况提前预警。丰富了大学生网络育人的方法，提升了学生工作管理服务水平，为学院更好地开展教育、教学和服务等工作提供了更可靠的基础。

3. 优化结构，融合发展

贵州轻工职业技术学院进一步整合校内各级各类网站、微信、抖音、微博等媒体资源，拓展新媒体矩阵，努力构建多个在师生间具有高凝聚力、广泛受众、信息交流活跃和较大社会影响力的网络平台，形成"互联网+思政教育"工作体系。学院"十四五"校园文化建设规划已经明确将开展教育融媒体中心建设，构建校园网、微信、抖音及院报等平台融合发展工作模式；开展"大学生网络文化工作室"培育建设，力争建成省级平台。

4. 创建品牌，突出特色

为了更好地发挥新媒体平台在校园文化传播、舆论正确引导以及交流互动中的重要作用，贵州轻工职业技术学院启动实施校园网络名师培育支持计划，计划每年遴选1~3名网络名师，支持其创新开展网络思政教育；成立辅

导员网络思政教育工作团队，探索开展构建网络思想政治教育长效机制的研究与实践；每年遴选和打造1~3个校内外有一定影响力的"两微一端"新媒体平台。在未来3年，力争建设5个校级、1~2个省级乃至国家级网络文化工作室，争取培育出3~5名正面引导的校园红色网络"大V"。

（二）共建共享：注重思政引领把方向，优化网络文化内容供给

1. 推动习近平新时代中国特色社会主义思想有机融入

贵州轻工职业技术学院坚持贯穿结合融入，把习近平新时代中国特色社会主义思想融入到校园网络育人建设全过程。通过主题网站、专题专栏进行宣传和推广，通过生动活泼的网络原创作品进行濡染和熏陶；建设打造网络思想政治教育优秀课程，推动建立网络思想政治教育优秀案例评选；创新优秀网络视频等文化作品，推动习近平新时代中国特色社会主义思想入脑入心。

2. 推动党史和中华优秀传统文化教育引导

贵州轻工职业技术学院将党史学习教育、学习贯彻习近平新时代中国特色社会主义思想主题教育、中华优秀传统文化、红色革命文化和社会主义先进文化融入网络文化。以重大节日和活动为契机，以"高雅艺术进校园""非遗传承进校园"等品牌文化活动为重点，利用网络直播、音视频录播、海报等方式，形成一批思想主题鲜明、内容生动活泼的微视频、微访谈、微电影、微课堂等精品网络文化产品；每年通过开展国家网络安全宣传周、网络文化节等活动，评选展示优秀的网络文化作品，推动党史学习教育、学习贯彻习近平新时代中国特色社会主义思想主题教育走深走实，增强师生传承弘扬中华优秀文化的责任感和使命感，不断提升网络育人成效；积极培育申报高校网络文化精品项目，营造良好校园文化氛围，引领校园风尚。

3. 推动学院精气神和正面社会能量的价值导入

围绕学院发展历史和特色文化，培育网络育人成果，发挥职业院校科研特色，激励广大教师产出一批理论水平高、实践应用性强的研究成果，为网络育人工作提供理论支持；围绕课堂教学主阵地，构建一系列网络思政精品课程，实现线上与线下课程的协同育人，丰富校园网络文化育人内涵和优秀网络文化产品供给，以多样化载体传递学院优质育人内容。

（三）同向同行：加强队伍能力建设，筑牢清朗网络空间

1. 打造网络工作专业队伍

围绕网建、网管、网监、网评、网研等重点领域，依托学院新闻舆情中心，加强新闻通讯员、网络评论员、网络安全信息员等队伍及智库建设，明确工作职责，加强培训培优，着力培养一批、引导一批、挖掘一批学院网络

文化人才，推动社会主义核心价值观的网络传播与弘扬。

2. 建立健全网络安全管理制度

建立健全网络信息安全管理机制，持续优化安全稳定的网络环境；加强安全保密培训，强化网络阵地安全管理，切实做好校内各网站、微博、微信、抖音等新媒体平台的注册、归档和督查工作。优化校园网络管理制度和运行机制，按照"谁主管谁负责，谁发布谁负责"的原则，进一步强化责任体系。积极探索网络意识形态工作的有效方法和策略，建立常态化的网络舆情协同机制，加强师生思想动态的研判分析，建立健全校园网络舆情监测、突发事件应急响应和部门间联动工作等机制。

3. 强化网络舆论引导

应充分利用互联网渠道，掌握舆论引导的时机、程度和效果，增强网络话语的创造力、吸引力和公信力。加强对广大教师、学生和工作人员的网络诚信和文明教育，培育校园好网民，引导广大师生员工依法、理性、文明上网。坚决抵制错误思想观点言论，巩固网络宣传主阵地，传播正能量，发出轻院好声音，讲好轻院好故事，营造清朗的网络空间。

目前，贵州轻工已把网络育人工作纳入重要议事日程和年度工作计划，统筹安排，整合资源，加强考核与经费投入。学院每年按人均不低于30元列支网络思想政治工作专项经费，用于网络文化工作室培育、校园网络文化产品精品打造、网络育人队伍建设等，为网络育人工程的深入实施提供必要的平台和经费保障。

参考文献：

[1] 肖茹．"三全育人"视域下高校思想政治教育队伍建设的三大原则[J]．辽宁教育行政学院学报，2021，38（5）．

[2] 张振兴，丁衬衬，孙汉中．融媒体时代高校网络思政的载体创新研究[J]．湖北开放职业学院学报，2022，35（11）．

[3] 康易赟．读屏时代高职校园网络文化育人功能及优化路径[J]．无锡商业职业技术学院学报，2019，19（3）．

贵州轻工职业技术学院"追求卓越、走向一流"质量文化建设与创新探究[*]

摘 要：质量文化建设是高职院校高质量发展的"魂"。贵州轻工职业技术学院作为国家优质校和"双高"校，在高质量发展过程中，围绕外部驱动和内部生长两条质量文化的生成和发展路径，树立从符合性走向卓越性的质量文化理念，创建集"知学、知行、知知、知创、知美"于一体的"知行合一"校园生态文化，着力打造"酒""数""画"等"一系一品"质量文化特色，积极探索和构建彰显职业教育类型特色的贵州轻工质量文化品牌，逐步形成由外向内、内外融合的"追求卓越、走向一流"的校本内生型轻工质量文化模式。

关键词：追求卓越、走向一流；质量文化

"质量文化"的概念伊始于20世纪80年代的美国，是随着世界范围质量管理的实践发展而来的。从其内涵来看，博大而精深，因认知视域差异尚缺乏统一的认识。就质量管理实践而言，欧洲大学协会认为"质量文化"是一种以持续提高质量为目标的组织文化，它包括关于提高质量的程序、结构、管理因素和关于质量的文化、心理因素，关涉质量实践行为和质量价值追求两个层面。基于此，其实践路径有二：一是外生型质量模式及其发展路径，是基于质量保障的程式，由此而衍生出各种保障工具和保障过程的界定、测量、评估、保证以及强化的各个步骤；二是内生型质量模式及其发展路径，是基于质量主体的质量承诺下的文化元素，包含个人层面和团体层面对质量的认知，涉及思想观念、意识形态等质量价值的认知。研究表明，质量文化

---

[*] 本文作者：游明伦，贵州轻工职业技术学院发展规划与质量保障处主任；杨礼美，贵州轻工职业技术学院发展规划与质量保障处副主任；姜山，贵州轻工职业技术学院发展规划与质量保障处质量管理科科长。

是大学文化的品质呈现，构建内生型高等教育质量文化是破解我国高等教育质量保障的有效路径之一。（安心等，2012）

如果说质量文化是人们与质量有关的习惯、信念和行为模式，是一种思维的背景（约瑟夫·M.朱兰），那么高等教育质量文化则是围绕高等教育质量所形成的理念、信念、价值及由此所衍生和发展起来的相关制度、行为、惯习、物化载体等的有机体。（别敦荣等，2021）可以说，高等教育质量文化是高校致力于质量提升的环境建设与内涵需求，是全体师生员工对质量价值的共同理解。从其特征来看，是一种因地制宜、百花齐放的文化；是一种改革持续深化、管理持续创新的文化；是一种以绩效为导向构建资源配置机制的文化；是一种全面提高人才培养能力和质量水平的文化；是一种关注学科前沿、重视知识创新、改革传统评价机制的文化；是"以学生为中心"、促进学生主体发展的文化。（洪林等，2021）毋庸置疑，树立科学教育质量观，促进师生的价值增值与心灵成长，是高等教育质量文化走向高质量发展的基本路径与必然选择。

高职教育作为高等教育的一种独立类型，同样具有高等教育质量文化的一般特征，只不过更加彰显高等教育在服务产业中所凸显出来的职业化发展个性特征。并且，这种特征在高职教育发展过程中具有引领学校卓越发展、塑造学校品牌与形象、促进学校持续改进与高质量发展的价值功效。基于此，加强高职教育质量文化建设，既是大众化、普及化高职教育健康发展的根本保证，又是高职教育对接产业发展的有效回应，还是高职教育服务社会功能的"显示屏"与"助推器"，对推动高职教育走向"中国特色、世界水平"的一流发展目标有着重大现实意义。

不过，高职教育质量文化建设是一个长期而艰难的过程，既需要高职院校从自身实际出发进行培育与研究，还需要从社会、文化、法律、社会心理等多维度去探究。从高职院校发展所经历的人才水平合格评估、示范校建设、骨干校建设、优质校建设到目前的"双高"校建设实践经验来看，每一所高职院校的质量文化建设都没有捷径可走，必须在质量建设与发展的路上付出艰辛的努力；更没有现成的可以照搬照用、全部复制的蓝本，必须在质量实践中摸着石头过河，边探索、边发现、边建设，进而实现以质量文化引领提高教育质量，保证学校健康发展。

贵州轻工职业技术学院作为全国公办高职院校的一员，在质量文化建设中，围绕内部生长和外部驱动两条质量文化的生成和发展路径，在一系列国家质量政策驱动下，积极探索和构建彰显职业教育类型特色的贵州轻工质量文化品牌，逐步形成由外向内、内外融合的"追求卓越、走向一流"的校本内生型轻工质量文化模式，先后获全国第四届黄炎培职业教育优秀学校、全国首批现代学徒制试点院校、全国首批诊改试点学校、全国毕业生就业典型经验高校、全国创新创业典型经验高校、全国优质高职院校、中国特色高水平高职院校建设单位（专业群C）等质量荣誉，引领着贵州高职教育乃至全国轻工职业教育的高质量发展。本文侧重从以下三个方面对此进行理性思考和探究。

一、"合格评估"到"双高建设"的质量文化发展

以2006年《教育部关于全面提高高等职业教育教学质量的若干意见》为标志，我国高等职业教育开始从规模扩张发展转向提高质量为中心的内涵式发展。而于2004年2月在原贵州省第一轻工业学校和贵州省第二轻工业学校基础上合并组建成立的贵州轻工职业技术学院，也伴随着国家职业教育政策的一系列变革，逐步从跨越式的规模扩张发展走向内涵式的质量提升发展。在此过程中，基于合格评估、省示范校、省优质校、国家优质校与国家"双高"校以及国家质量提升行动计划、提质培优行动计划等一系列质量建设、改革与发展，质量文化培育、建设与发展取得显著成效，历经质量意识提升、质量内涵提质与卓越文化创建三个阶段的质量文化发展变迁。

（一）质量意识提升阶段

这个阶段是从基于国家办学标准的"符合性"质量观走向基于适应社会需求能力提升的"适应性"质量观发展阶段（2004—2015）。2003年教育部发出《关于开展高职高专院校人才培养工作水平评估试点工作的通知》，提出"以评促建、以评促改、以评促管、评建结合、重在建设"的二十字评估工作方针，开启了高职院校质量建设之旅。2004年贵州轻工职业技术学院成立后于2006年制订第一个五年规划——《贵州轻工职业技术学院"十一五"规划》为学校质量文化建设奠定了坚实基础，其中提出的"启动2008年人才培养工作水平评估工作"，对推动学校及其教职工确立以质量为价值导向的发展理念、增强质量发展意识、注重以就业为导向的人才培养质量提升，意义深远。2006—2008年期间，学校依据《教育部关于全面提高高等职业教育教学质量的若干意见》（教高〔2006〕16号）要求，针对办学观念落后、认识不到位，政策不配套、措施不得力，招生困难、规模与水平不适应，经费投入不能保证，办学特色不明显等问题，对标教育部2008年新出台的《高等职业院校人才培养工作评估方案》（教高〔2008〕5号），以评估为抓手，以争创

省级示范校为目标，持续开展人才水平"达标"与"升级"创建工作，成效显著。2008年学校顺利通过教育部高职高专院校人才培养水平工作评估，2011年成功晋级"贵州省省级示范性高等职业院校"，2012年获"全国重点建设职业教育师资培养培训基地"，2014年获教育部授予的第四届全国黄炎培奖优秀学校，2015年获教育部评选的全国毕业生就业典型经验高校和全国首批100所现代学徒制试点院校。可以说，此阶段通过评估的政策导向作用、监督作用和诊断作用，学校师生质量意识得到很大提升，学校办学行为规范性、办学定位精准性与办学特色鲜明性持续提高。

（二）质量内涵提质阶段

这个阶段是从基于适应社会需求能力提升"适应性"质量观走向基于创新发展高等职业教育的"创新性"质量观发展阶段（2015—2018）。2014年国务院《关于加快发展现代职业教育的决定》（国发〔2014〕19号）中提出"要创新发展高等职业教育"的新要求，之后教育部印发"两个行动计划"，即《职业院校管理水平提升行动计划（2015—2018年）》（教职成〔2015〕7号）和《高等职业教育创新发展行动计划（2015—2018年）》（教职成〔2015〕9号），在总结国家"示范校"和"骨干校"建设经验的基础上，继续以质量项目引领和推动高职院校质量内涵提质发展。在此期间，学校作为贵州省首批示范校，坚持以内部质量保证体系建设为重点、以教学质量诊改运行机制建设为核心、以院校自我质量持续提升为关键的质量建设路径，推动学校从外延式规模跨越式发展全面走向内涵式质量提升发展，学校专业人才培养质量及其质量文化特色品牌逐步形成，人才培养吸引力和竞争力持续走高，内涵式发展取得实质性突破。

一是学校"五个文化建设"涵养高质量发展，即"艰苦奋斗、自强不息"的轻院精神文化、"景观雅致、花香四季"的绿色生态文化、"流程严谨、部门协同"的内部治理文化、"技以载道、以文化人"的专业质量文化和"一系一品、知性育人"的质量品质文化得到快速发展与提升，推动学校后发赶超，逐步走上了文化增强自信、文化彰显特色、文化推动育人、文化促进发展、文化铸就品牌的创新发展之路。

二是学校创新发展质量及其品牌全国有影响。2017年学校跻身贵州省首批优质校，承办国赛"大数据赛项"并获得一等奖（贵州高职院校唯一）；2018年学校标志性成果更加具有竞争力，创新创业工作首获贵州高职院校唯一的"全国创新创业典型经验高校"（贵州省唯一获全国"就业50强"和全国"双创50强"的高职院校），图书馆（知知馆）荣获2018年度贵州省

"黄果树杯"优质工程，教学成果《西部连片贫困地区中职师资顶岗置换研修模式实践与创新》首获国家教学成果二等奖，论文成果《新时代高职产教融合人才培养模式的变革与创新》被人大报刊复印资料——《职业技术教育》全文转载；2019年学校高质量发展开始跻身全国前列，成为教育部认定的200所"国家优质专科高等职业学院"和全国首批197所国家"双高计划"校（高水平专业群立项建设单位C档）。可以说，在此阶段，学校质量文化建设实现了办学历史上的重大突破，贵州轻工质量品牌开始在国家级大平台上"跳舞"，办学竞争力大幅提升。

（三）卓越文化创建阶段

这个阶段是基于创新发展高等职业教育的"创新性"质量观发展阶段走向"追求卓越、走向一流"的"卓越性"质量观发展阶段（2019—2035）。2019年学校入选全国高职院校197所"双高校"，开启了以"双高计划"建设为标志的高质量发展阶段。对标《教育部 财政部关于实施中国特色高水平高职学校和专业建设计划的意见》（教职成〔2019〕5号），坚持工学结合、知行合一，加强学生认知能力、合作能力、创新能力和职业能力培养，培育和传承工匠精神，引导学生养成严谨专注、敬业专业、精益求精和追求卓越的品质，成为学校创新升级发展并以此走向卓越发展的新使命。面向高端产业和产业高端，确立"卓越发展理念"，深根"质量第一"价值文化，创建基于专业、融于行业、根于职业、走向国际、彰显职业教育类型特色的一流高质量文化，承担学校高质量发展时代走向卓越发展的历史责任。就当前而言，这一工作还刚刚起步。就"十四五"期间而言，重点是抓好四个方面的高质量发展工作：

一是紧扣国家和省推动的高质量发展项目，比如国家"提质培优行动计划"项目、教育部和贵州省共建的"技能贵州"建设项目等，以项目建设的高质量推动双高建设中"加强党的建设、打造高水平人才培养高地、打造技术技能创新服务平台、打造高水平专业群、打造高水平双师队伍、提升校企合作水平、提升服务发展水平、提升学校治理水平、提升信息化水平、提升国际化水平"等十大重点任务建设的高质量，全面提升学校"三全育人"和"五育并举"人才培养质量，于2023年把大数据技术与应用专业群打造成为"特色鲜明、全国一流、走向国际"的特色高水平专业群，于2025年把学校建成"西部领先、全国一流、国际知名"的中国特色高水平高职学校。

二是建立健全高质量考核评价机制，以评价指挥棒为引领，推动学校各项工作全面深化高质量变革。首先，对标贵州省委、省政府关于统筹整合开展年度综合考核工作的有关精神，建立健全以党政班子政治素质考核、促进高质量发展绩效考核、党建工作成效考核等为重点的年度综合考核评价制度，引导和推动各项工作深化质量变革。

三是作为贵州省2022年首批入选的深化新时代综合评价改革试点单位，要聚焦党中央国务院《深化新时代教育评价改革总体方案》，以高质量发展统揽全局，全面深化学校课堂、专业、课程、教师、学生等全方位高质量评价改革，特别是开展"有效课堂—优质课堂——一流课堂"的高校课堂质量变革，做亮做特，集"自我评价+督导评价+认证评价"为一体的"三位一体、双轮驱动"教学评价模式，构建形成富有时代特征、彰显中国特色、体现世界水平的"贵州轻工"教育评价体系，努力在高质量发展上闯新路、开新局、抢新机、出新绩，推动学校一流发展。

四是实施学校教育数字化战略行动，以一体化校园智慧教育平台为载体，推动学校全方位数字化优化升级。"十四五"时期是信息化进入加快数字化发展、建设数字中国的新阶段。学校要着力推进"十四五"规划中提出的"数字轻工"发展战略，对标国家"数字中国"建设要求与标准，坚持"服务教学、服务教师、服务学生、服务考核评价、服务行政管理"的方向，按照"成熟先上、分步实施"的数字化实施策略，以高质量项目综合管理信息化平台、六中心一体化校园服务平台（党政服务、教学服务、教师服务、学生服务、社会服务与质量服务一体化平台）和一体化综合评价业务系统为重点，完善和优化一体化校园智慧教育平台，创建"数字轻工"信息化发展模式，以高水平的教育信息化引领高质量一流发展，让"质量轻工、技能轻工、大地轻工、数字轻工、开放轻工、美丽轻工、幸福轻工"（以下简称"七个轻工"）成为学校追求卓越、走向一流高质量发展的七张亮丽"名片"。

二、质量文化探索与创新的"轻工实践"经验

（一）树立从符合性走向卓越性的质量文化理念

质量文化理念是一个学校文化建设的"魂"。高职院校质量文化理念的确立，也是伴随国家一系列质量政策的驱动而逐步树立起来的，历经了从符合性走向卓越性的递进变迁。

1. 确立"符合性"质量文化理念

即主要依据《教育部关于全面提高高等职业教育教学质量的若干意见》（教高〔2006〕16号），聚焦高等职业院校人才培养工作评估指标体系，强化质量意识，加强校本质量管理体系建设，逐步完善以学校为核心、教育行政部门引导、社会参与的教学质量保障体系。从质量价值观上看，这其实是一种彰显"符合规定"或"符合目的"的质量文化理念，质量意识提升是此阶段质量文化建设的重点。基于此，学校确立"明德修身、精技立业"的校训，以合格评估为抓手，以专业扩容提质为核心，提出"达标升级"和"争创示范"的阶段性质量发展目标。

2. 确立"适应性"质量文化理念

即依据《教育部关于深化职业教育教学改革全面提高人才培养质量的若干意见》（教职成〔2015〕6号），以教学工作诊断与改进为抓手，以增强学生就业创业能力为核心，构建教学标准体系，健全校本教学质量管理和保障制度。从质量价值观上看，这其实是一种"适应需求"的质量文化理念，质量认可度提升是这阶段质量文化建设的重点。于是，学校作为全国首批教学质量"诊改"试点院校，以教学质量诊改为抓手，以质量提升工程项目建设为载体，树立"适应社会需求能力"新型高职教育质量观，推动"一系一品"质量文化建设。

3. 确立"创新性"质量文化理念

以《国务院关于推动创新创业高质量发展打造"双创"升级版的意见》（国发〔2018〕32号）为标志，高职教育质量评价标准与价值开始从"适应性"到"创新性"转换。从质量价值观上看，这其实是从被动走向主动、以"追求创新"为价值导向的质量文化理念，质量特色品质提升是这阶段质量文化建设的重点。基于此，学校依托校企共建大学城双创园，以创新创业人才培养为重点，以红色传承文化与技能素养文化"两个活动月"为着力打造"一轻酒、二轻画"的专业特色品牌和体现轻工专业学科内涵、彰显轻工职业文化特征的"一系一品"质量文化。

4. 确立"卓越性"质量文化理念

以《教育部 财政部关于实施中国特色高水平高职学校和专业建设计划的意见》（教职成〔2019〕5号）为标志，高职院校开启了"追求卓越、走向一流"的高质量发展文化之旅。其中，质量为先、示范引领是高质量发展基本要求；职业教育类型特色与一流质量发展融合是高质量阶段发展的基本质量文化特征；扎根中国、放眼世界、面向未来是高质量发展的基本方向；聚焦高端产业和产业高端，强力推进产教融合、校企合作是高质量发展基本方略。对此，学校以"双高计划"实施为切入点，以国家提质培优、兴黔富民、技能贵州等高质量项目建设为抓手，坚持"深耕轻工，融入贵安，服务贵州，开放发展"办学定位和"文化浸润技术，理想托起技能"育人理念，聚集高水平大数据技术与应用专业群建设，提出并实施以"质量轻工"为首的"七个轻工"高质量发展战略和"西部领先、全国一流、国际知名"发展愿景目标，全面建设"创新协同、智能智慧、开放包容、生态美丽"的轻工质量文化类型特色。

（二）培育和打造"一系一品"质量文化品牌

质量品牌事关学校发展的核心竞争力。贵州轻工职业技术学院以合格评估、示范校、优质校与双高校等质量建设与变革为切入点，依托校园"知行堂"（学生事务中心）、"知知馆"（图书馆）等文化中心和大学城"双创园"等大学生创新创业中心，以及酒文化展览馆、民族技艺传承中心等文化高地，融入"知之为知之，不知为不知，是知也"的孔子教育思想，创建集"知学、知行、知知、知创、知美"于一体的"知行合一"校园生态文化，以"提质创优"为工作主基调，坚持质量问题导向和持续改进质量方针，牢固树立"适应社会需求能力"新型高职教育质量观，按照"稳住规模质量、改善环境质量、提高教师质量、聚焦学生质量、提升贡献质量"的质量提升发展路径，着眼于品牌创新、特色创新和文化创新，培育和打造彰显"一系一特"品质的校园"一系一品"专业质量文化品牌，形成"自我提高、持续改进"的质量诊断运行机制和内生质量文化模式，推动学校质量管理自觉化、常态化和智能化，实现学校质量提升持续变革和与时俱进发展。

1. "办学基础质量"提升阶段

这一阶段强调"规模质量"，重视"质量要素"（教育质量观测点）的建设与评价，强调质量要素功能及其作用的发挥，关注质量规模及其发展水平与态势。也就是按照《关于全面提高高等职业教育教学质量的若干意见》（教高〔2006〕16号）和《关于全面开展高职高专院校人才培养工作水平评估的通知》以及《高职高专院校人才培养工作水平评估方案》（包含7个一级指标、15个二级指标、36个主要观测点）等政策文件要求，聚集《高等职业院校人才培养工作评估指标体系》，开展彰显具有系部专业特色的人才培养水平评估，强化"轻院素养"文化特征的"一系一特"质量要素发展及其特征，在此基础上提出"健康轻工、数说信息、多彩艺术、出彩机电、微笑经管、最美人旅、质量建工"等"一系一特"质量文化概念及其内容模块。

2. "内涵发展质量"提升阶段

这一阶段强调"内涵质量"，重视"质量体系"（内部质量保证体系）建设与评价，强调质量要素整体结构功能及其作用的发挥，关注质量定位及其发展的品质水准。具体而言，就是以教学质量诊改为抓手，依据教育部办公厅《关于建立职业院校教学工作诊断与改进制度的通知》(教职成厅〔2015〕2号)、《高等职业院校内部质量保证体系诊断与改进指导方案》(教职成司函〔2015〕168号)两个指导性文件,坚持以问题为导向,建立基于问题系统的诊改思维模式,按照"目标—标准—计划—组织—实施(—检测—预警—改进—计划)—诊断—创新—改进"质量改进螺旋进行设计的由组织体系、目标体系、标准体系、平台建设、质量文化构成的具有较强预警功能和激励作用的各自独立、相互依存、网络化、全覆盖的内部质量保证体系,紧扣学校、专业、课程、教师、学生等五个层面,以智能校园管理平台为依托,以红色文化传承与技能素养活动"两个文化月"为平台,逐步探索"以文化人、技以载道"的职业教育质量类型特色,持续丰富"健康轻工、数说信息、多彩艺术、出彩机电、微笑经管、最美人旅、质量建工"等"一系一品"质量文化内涵,形成彰显"酒""画""车""算""旅""量"等专业特色内涵的技能素养质量文化品牌。

3. "服务需求质量"提升阶段

这一阶段强调服务"贡献质量",侧重人才培养质量的"四性"特征,即"符合性、有效性、精准性和成长性",以及学校对区域经济发展的贡献、影响和竞争力,师生技术技能服务特色品牌、专业产教融合深度高度频度、信息化与智能化服务能力、大师名师服务成效、一流专业品牌等成为关注和评价重点,个性化服务质量、服务满意度、政府支持度、行业企业融合度、毕业生社会适应性和成长性是这一阶段质量品质特征。具体做法是:依据《国家职业教育改革实施方案》(国发〔2019〕4号)关于"由追求规模扩张向提高质量转变"的高质量发展要求,特别是围绕《中国特色高水平高职学校和专业建设计划绩效管理暂行办法》(教职成〔2020〕8号)中关于"双高计划"建设要紧盯"引领"、强化"支撑"、凸显"高"、彰显"强"、体现"特"的绩效目标考核要求,探索类型特色与一流质量融合发展"高、强、特"质量绩效管理,开展以智能技术为支撑、云上轻院智慧校园为基础、线上线下混合式学习模式建设为重点、课堂有效性学习评价变革为轴心的高质量人才培养改革,着力培养适应产业高端发展和服务高端产业发展的复合型技术技能人才。

三、"追求卓越、走向一流"高质量文化发展走向

高职院校质量文化的构建既源于国家质量保障政策的外部驱动,也源于高职院校内部管理自治的内生需求,在文化特征上,是以外促内、内外相生

的"双型"合成体，是由精神层质量文化、制度层质量文化、行为层质量文化、物质层质量文化构成的文化系统（王姗姗，2015），具有鲜明时代性、发展阶段性、区域人文性与职业特殊性，是高职院校在教育教学实践过程中深入人心的以质量为目标的价值认同和履行质量承诺的行为表征的统一，是教育质量技术层面的可操作和文化层面可认知的统一，是在高职院校内部群体一致认同的情境之下，上升到大学组织文化的层面，在大学内部凝结而成的一种"文化模式"。（安心等，2012）面对新时代教育评价改革逐步从"以绩效为本"转变为"以人为本"，面对当前高职院校质量文化建设存在的"外强内弱""重技轻人"和"重利轻文"等突出问题（牛丽玲等，2021），面对大数据时代人工智能引发的信息技术变革，特别是面对"第四次工业革命重新定义知识和技能价值"的挑战，高职教育要基于学习者多元需求，从服务发展增值的视角深化质量变革，持续彰显产教融合育人的价值追求（王亚鹏，2021），推动高职院校在"双高计划"引领下，从全面质量管理走向智能智慧质量管理，逐步实现"追求卓越、走向一流"的愿景目标。

（一）对标国家政策走向

"双高计划"引领是高职院校探索"追求卓越、走向一流"高质量文化建设之路。国务院关于印发《国家职业教育改革实施方案》的通知（国发〔2019〕4号）中提出的"启动实施中国特色高水平高等职业学校和专业建设计划，建设一批引领改革、支撑发展、中国特色、世界水平的高等职业学校和骨干专业（群）"的高等职业教育高质量发展政策要求，即"双高计划"引领"支撑发展、中国特色、世界水平"的高职院校"一流质量"建设要求，确立了高职院校未来一个时期（2025—2035）高质量文化建设与发展的基本走向。基于此，紧扣教育部财政部《关于实施中国特色高水平高职学校和专业建设计划的意见》（教职成〔2019〕5号）中提出的"到2035年，一批高职学校和专业群达到国际先进水平，引领职业教育实现现代化，为促进经济社会发展和提高国家竞争力提供优质人才资源支撑。职业教育高质量发展的政策、制度、标准体系更加成熟完善，形成中国特色职业教育发展模式"的高质量建设目标，树立"追求卓越"质量发展理念，聚集学生"四项能力"（认知能力、合作能力、创新能力和职业能力）和"四项品质"（严谨专注、敬业专业、精益求精和追求卓越）培养，促进师生"心灵成长与职业发展"，着力打造彰显职业教育类型特色的高职教育卓越质量文化品牌，成为高职院校高质量文化建设与发展的基本路径。

（二）对接世界技能大赛

肇始于 1946 年的世界技能大赛是迄今全球地位最高、规模最大、影响力最大的职业技能竞赛，被誉为"世界技能奥林匹克"，核心价值观是卓越、公平、多元、创新、正直、透明与合作（其中卓越观处于首位），其宗旨是提升公众对技能人才的认可，展示技能在实现经济发展和个人成功中的重要性，其竞技水平代表了职业技能发展的世界先进水平，是世界技能组织成员展示和交流职业技能的重要平台。毋庸置疑，对接世界技能大赛标准，其实就是在高职教育人才培养中坚持一流发展标准，瞄准技术发展前沿，并以此学习和运用先进技术工具。高职教育作为职业教育类型中的"层次教育"，如何聚焦"岗课赛证"综合育人职业类型特色，遵循技术技能人才成长规律和职业教育教学规律，用一流标准强化立德树人，彰显职业教育类型特色，增强职业教育吸引力和认可度，是新时代职业教育高质量发展面临的重大挑战。基于此，中共中央办公厅、国务院办公厅印发的《关于推动现代职业教育高质量发展的意见》专门强调"完善'岗课赛证'综合育人机制，按照生产实际和岗位需求设计开发课程，开发模块化、系统化的实训课程体系，提升学生实践能力"的新要求。因此，要在"岗课赛证"综合育人中培养一流技术技能人才，创建一流高质量文化品牌，就必须主动对接世界技能大赛标准，将其融入人才培养方案、课程教学、技能大赛、创新创业、实习实践、毕业设计等主要教学环节，建立健全认知实习、基础训练、仿真锻炼、实操演练、大赛竞技、岗位锻炼等多层递进的综合能力培养机制，形成以世界技能大赛标准为引领、融入职业岗位从业标准与规范，构建融岗、赛、证要素于"课"的职业课程体系，形成以职业课程学习为基础、以职业技能竞赛为标杆、以职业资格证书为检验的岗课赛证"四位一体"高质量育人体系，促进学训结合、学赛结合、工学结合与产教融合（曾天山，2022），推动"岗课赛证"人才培养彰显中国特色、体现世界一流。

（三）建立内生质量机制

从发展的历史逻辑来看，我国高职教育基本属于"设计模式"下的应急、应需发展，理论准备和制度设计都不充分，内生性特质还不强。（王亚鹏，2021）基于此，要建立"追求卓越、走向一流"的内生质量文化，还必须构建和完善基于"内生模式"下的内生质量机制。就当下来说，最为关键的是抢抓职业教育发展模式从设计模式向内生模式转型的战略机遇，加快推进以内生质量为关注点的质量转型发展改革。

一是紧扣教育部办公厅《关于建立职业院校教学工作诊断与改进制度的

通知》（教职成厅〔2015〕2号）和《高等职业院校内部质量保证体系诊断与改进指导方案（试行）》（教职成司函〔2015〕168号）等文件要求，特别是中共中央办公厅、国务院办公厅印发的《关于推动现代职业教育高质量发展的意见》中关于"推进职业学校教学工作诊断与改进制度建设"的质量保证体系改革与完善新要求，立足立德树人与促进人的全面发展培养目标，进一步强化诊改思维，增强"质量第一"价值理念，融入第四代教育评价和全面质量管理理念，按照"三全"（全员、全过程、全方位）、"三共"（共创、共治、共享）、事前（目标、标准）、事中（监测、预警）、事后（诊断、改进）"三部曲"的逻辑主线；以信息化技术平台为支撑，进行"五纵五横"的系统化立体设计，建立健全内生质量组织与制度保障，完善以自我诊改为抓手的质量管理常态化机制，深化以内部质量保证体系建设为重点、教学质量诊改运行机制建设为核心、院校自我质量持续诊改为关键的内生质量文化变革。

二是针对高职教育与经济社会发展之间始终存在"不适应—适应—新的不适应—新的适应"的持续改进关系，以"双高计划"建设为载体，围绕创建"双一流高职品牌"（世界一流高职院校、世界一流高职专业）目标，针对高职教育学术质量治理短板，建立以质量治理为核心的高职院校自主性质量治理结构，特别是专业群自主性质量协同治理机制，逐步形成以政治性治理权为领导核心、以学术治理权为业务核心、以行政性治理权为管理核心的符合高职教育发展生态的"三位一体"高职教育权责关系治理体系，建立高职教学工作自我诊改质量运行机制，创建高职内生质量文化。（游明伦等，2017）

三是"做亮做强做特"高职教育质量文化品牌，持续涵养职业教育"以文化人、技以载道"类型特色的内生型质量文化标识。就轻工职院来说，就是要以"文化浸润技术、理想托起技能"的育人理念，持续开展"技以载道 匠心圆梦"技能素养文化活动，创建在全国有影响力的"健康轻工、多彩艺术、出彩机电、数说信息、微笑经管、最美人旅、质量建工"等"一系一品"技能素养文化育人品牌，让"酒""数""画"等"质量轻工"品牌成为扎根贵州、唱响全国、走向国际的"一流质量品牌"。

（四）创建质量集成平台

技术改变世界。当今以人工智能、工业互联网、工业云计算、工业大数据、工业机器人、3D打印、知识工作自动化、工业网络安全、虚拟现实等九大核心技术为支撑的工业4.0技术，正推动着工业世界发生根本性变革，成为催生工业产品质量提升的决定性技术,引领着工业经济走向基于智能制造的新质量时代。于是,基于"互联、数据、集成、创新、转型"等工业4.0技术的应用特征和智慧教育理念的实践发展,以卓越发展、持续改进的精益管理和六西格玛等教学诊改理论为基础,针对大数据时代高职教育可能或正在发生的智慧校园形态、多学科交叉发展的专业群形态、多元化课程资源形态、教师角色形态、学生学习形态、精益管理形态、多元融合组织形态等产教融合办学形态变革特征,基于"技术促进学习"思想,创建一体化质量集成平台,比如集党政信息服务中心、教学服务中心、学生服务中心、教师服务中心、社会服务中心和质量信息中心于一体的"六中心"集成化质量信息服务平台,推动学校打造职业教育智慧大脑;再集自我评价、督导评价与认证评价于一体的"校本自主评价"系统,从学校、专业、课程、教师、学生等五个层面全方位开展"数据密集型评价"(第四范式教育评价模式),实现群体评价与个体评价、定量评价与定性评价、循证评价与价值评价以及评价"共时性"与"共域性"的统整,推动质量管理文化从全面质量管理(3.0)走向智能质量管理(4.0),促使教育成为一个反复迭代、持续改进的"自我纠正系统",形成学校全员共同弹奏"同一根质量文化之弦"的校园氛围,彰显持续提升高职教育质量的"文化的魅力"。

创新模式　五育融合　推进国防教育高质量发展
——"课程+实践+征兵"的贵州高职院校国防教育育人模式有效融入校园文化建设路径研究*

摘　要：结合贵州高职国防教育实践和职业院校学生特点，创造探索形成"课程+实践+征兵"的贵州高职院校国防教育育人模式，有效融入校园文化建设过程，积极构建"三大平台"，实践运行"五个机制"。推动国防教育走深走实，发挥育人实效。

关键词：贵州；高职；国防教育

贵州高职院校国防教育工作认真贯彻落实强军思想，聚焦"提质培优"，聚力"双高"建设，积极探索实践国防教育元素如何有效融入校园文化建设路径。

一、背景

结合新时期贵州高职学生特点，针对国防教育新形态和社会服务新变化，将国防教育与"德育、智育、体育、美育、劳育"融合互补，把准国防教育价值取向，引导学生树立正确的国防观念，着力提升综合素养，厚植家国情怀，推动全面发展，通过不断学习、探索、实践、创新，积极将"课程+实践+征兵"的贵州高职院校国防教育育人模式有效地融入校园文化建设。

"课程+实践+征兵"的贵州高职院校国防教育工作模式，充分融合军事理论教学、军事技能训练、大学生征兵三大元素，与校园文化建设相融合，与思政教育相结合，与三全育人相契合，创新教学方法、强化军事训练、建立预征机制、涵养优质兵源、浓郁校园"兵味"，积极打造贵州高职院校国防教育元素有效融入校园文化建设的"轻工品牌"。

---

*　本文作者：盛真强，贵州轻工职业技术学院党委学生工作部（学生工作处）副处长。

二、主要做法与措施

"课程+实践+征兵"的贵州高职院校国防教育育人模式在有效融入校园文化建设过程中，积极构建"三大平台"，实践运行"五个机制"。

（一）创新模式，构建多元平台，推进国防教育元素有效融入校园文化建设

1. 构建国防教育教学平台，有效融入课程思政，优化校风学风

积极构建国防教育教学平台，有效融入课程思政，完善国防教育相关理论课程，科学开展军事技能训练，通过军事理论考试和军事技能考核，认定成绩、评选先进、表彰典型；注重以文化人、以文育人，进一步优化校风学风。

2. 构建国防教育实践平台，厚植学生家国情怀，繁荣校园文化

积极构建国防教育实践平台，通过国防教育基地参观学习、国防教育电影展播、内务整理优秀寝室评选等实践活动，加强爱国主义教育，促进爱国学生行为养成，厚植学生家国情怀。深入开展中华优秀传统文化、革命文化教育，进一步繁荣校园文化。

3. 构建国防教育征兵平台，保障兵源数量质量，浓郁校园"兵味"

积极构建国防教育征兵平台，加强征兵工作制度建设、队伍建设和经费保障，做好征兵宣传、解读优惠政策、建立预征机制、实施学业帮扶、开展兵源孵化，有效保障兵源数量质量。弘扬军旅文化、培育大学精神、涵育师生品行，进一步浓郁校园"兵味"。

（二）整合资源，形成多维机制，拓宽国防教育元素有效融入校园文化建设路径

1. 学科融合，文化育人成体系

国防教育本质上是学科融合在军事理论技能与思想政治教育方面的具体表现，国防教育要积极与大学生党课、团课，爱国主义教育，思想政治教育，行为养成教育等学科有机融合；学科融合最重要的是找到融合切入点，打破专业知识教学与军事理论技能、家国情怀培育之间的障碍；建立健全文化育人质量提升体系，积极融入国防教育元素，充分发挥"课程思政"育人功能，优化校风学风，促进校园文化持续性一体化建设。

2. 协同联动，文化建设齐发力

学校武装部和学校军民共建单位、国防教育教学部门行政工作人员、专业教师、辅导员、班主任、退役复学学生组织等都是国防教育的参与方，需

要从"国防教育角度"建立学教协同制度,从"专业教学角度"建立国防教育科学评估督导制度;各相关部门协同联动,多角度共同发力、持续发力、形成合力,国防教育压茬推进,提高管理服务效能,促进校园文化建设高质量发展。

3. 激励评价,以文育人提质量

多角度构建激励机制,持续提升内生动力。鼓励专业教师、国防教育队伍工作人员特别是辅导员加入国防教育建设中来,挖掘"国防教育"学生受益的典型案例,形成学校"三全育人"的氛围。围绕国防教育优化"课程设计—课程实施—课程评价"等实施过程,建立闭环式督导,对国防教育课程大纲、课程教学、教学评价等环节设置明确的检查指标。通过激励评价,进一步提升以文育人成效,畅通"三全育人"实施路径,形成含有国防教育元素的院校显性校园文化。

4. 师资优化,以文化人增效能

围绕"国防教育"育人能力健全教师培养培训体系,制订"职业能力提升"计划,建立"国防教育"专项科研项目;围绕国防教育育人机制中的难点问题组建团队研究,完善科研奖励政策。组织国防教育教师到国防教育基地实践锻炼,在现场体悟中深入理解国防教育内涵,提高国防教育育人成效;开展"教学能力提升"工程,围绕国防教育开展评教评学、示范观摩课、精彩教案评比等活动,促进教师团队在国防教育育人能力上的提升;积极发挥国防教育教师能动性,促进国防教育有效融入校园文化建设,丰富校园文化国防内容。

5. 兵源孵化,校园文化显"兵味"

建立高职院校大学生征兵工作兵源孵化机制,使国防教育与大学生征兵工作有机结合,通过军事理论教学、军事技能训练、爱国主义教育社会实践等形式开展兵源孵化,有效保障兵源数量和质量。如利用国防教育基地,广泛开展"沉浸式"教学和国防教育现场体悟;建立大学生征兵"预征"机制,充分发挥学校退役复学军人作用,由退役军人定期组织"预征班"学生开展日常训练、纪律教育和体能锻炼。根据高职院校课程体系在人才培养模式中的特殊性,建立健全高职院校兵源孵化机制,积极营造校园大学生参军入伍氛围,促进校园文化建设"兵味"凸显。

高职院校党建帮扶角度下农村党建文化建设的路径探究[*]
——以贵州轻工职业技术学院帮扶剑河县革东镇方陇村为例

摘　要：高职院校与农村基层党组织开展结对共建，是高职院校贯彻落实国家乡村振兴战略决策部署，服务好乡村振兴和经济社会发展的有效途径。党建共建既可以通过高职院校的资金、科技、文化助力乡村党建文化发展振兴，又可以为职业院校教师提供实践的平台和机会。同时在共建过程中，结对共建普遍存在没有持续性、帮扶不深入、形式不多等问题。为解决这些问题，本文依据贵州轻工职业技术学院帮扶剑河县的工作经验，提出高职院校党建帮扶农村党建文化建设以促进乡村振兴发展的党建帮扶模式。

关键词：帮扶干部；结对帮扶；党建文化；乡村振兴

一、高职院校党建帮扶对农村党建文化建设的作用

在乡村振兴中，基层党建工作举足轻重，抓好基层党建工作就是抓住了乡村振兴的"牛鼻子"和"总开关"。高职院校拥有较为丰富的教育、科技、文化、技能人才等资源优势，又有党建文化建设的经验和平台，还有很多能够落地的科研成果和技能教育培训平台，通过党建共建的形式，能够和基层党组织共建形成一个党建引领乡村振兴发展的良好文化环境。

（一）共享高校党建文化资源

高职院校党建帮扶能促使农村基层组织共享党建文化资源。高职院校具有教育、科技、文化、技能人才等方面的优势资源，可通过党建帮扶的形式，拓展和完善帮扶地区基层党组织功能，共享党建工作信息，加强基层党组织建设，提高党建工作水平。党建帮扶的形式使党建资源在流动中增值，在流

---

[*] 本文作者：杨义，贵州轻工职业技术学院党委学生工作部（学生工作处）国防教育科科长。

动中产生活力，促使帮扶地区能和高校各级党组织党建资源之间双向开放，深化了学校各级党组织之间以及与帮扶地区党组织之间的共建工作，形成党建资源的互动共享、优化配置。推进党建工作标准化、规范化、制度化建设，调动各级层面党员和党组织的积极性，可增强帮扶地区党组织的生机和活力。

（二）填补农村党建文化不足

高职院校党建帮扶能填补农村党建文化的不足。部分农村地区经济发展滞后，教育落后，党员队伍文化水平不高，出现了党务工作者能力素质不能适应新形势下对基层党建文化要求的问题，致使党建文化建设力不从心；村党务干部普遍身兼多职，党务工作只算"副业"，在认识上"轻党务重业务"，党建文化边缘化；同时农村地区由于打工人口流动，党员老龄化严重，流动党员多，在党员管理上缺乏有效的抓手。党建帮扶能够选优配强基层支部领导班子，优化农村党建文化投入，填补农村党建文化的不足。

（三）促进校村互补互赢

高职院校党建帮扶促进校村互补互赢。一方面，学校立足于农村的资源、资产、资金，群策群力，科学规划，认真谋划，把党和国家关于乡村振兴的各项方针政策落实到农村，盘活农村资源资产，优化农村产业布局，实现村集体经济、农民收入"双增长"。另一方面，农村为高校的技术研发和成果转化、人才培养、创新创业等活动提供了良好的实践平台。

（四）论文写在大地上，成果留在农人家

通过党建帮扶，引导高职院校党员教师扎根基层，服务基层，指导基层各项事业发展。培养造就了一批能够引领一方、带动一片的实用人才带头人队伍，培塑"头雁"工程，把农村基层党组织建成乡村振兴的"人力资源部"，将论文写在大地上，将研究转化为实实在在的成果，留在农村，带动农村百姓发展致富。

二、高职院校党建帮扶农村党建文化建设的现状

当前高职院校在和农村基层党组织开展共建过程中，结对帮扶主要是在人才支持、资源链接、党建共促方面，在党建文化建设方面还不系统，共建普遍存在没有持续性、帮扶不深入、形式不多等问题。

（一）党建帮扶下的人才支持

为深入贯彻落实党中央有关决策部署，要总结运用打赢脱贫攻坚战选派驻村第一书记和工作队的重要经验，在全面建设社会主义现代化国家新征程中全面推进乡村振兴，巩固拓展脱贫攻坚成果，把乡村振兴作为培养锻炼干部的广阔舞台。同时，高职院校要将技能型、应用型人才优势结合作用于乡村振兴战略，为农村农业发展源源不断地输送新型人才，提供知识支持、智力扶持和人才支撑。

（二）党建帮扶下的资源链接

高职院校选派的第一书记、驻村干部到村开展工作后，应认真调研村子基本情况、发展建设需求，积极对接高职院校，通过发挥高等职业教育在乡村振兴中不可替代的重要作用和独具特色的自身优势，扎实开展教育帮扶、产业帮扶、技能帮扶、文化帮扶、生态帮扶、电商帮扶、消费帮扶、驻村帮扶等工作，通过资金、教育培训、技术支持、政策等形式进行资源链接帮扶；同时寻求校企合作企业资源支持，通过实施"兴黔富民"行动计划，推进校企农合作、产教融合、顶岗实习，进一步推动党建帮扶下产教融合走深走实。

（三）党建帮扶下的共建共促

当下党建帮扶的另外一种普遍形式还有党建共建，通过高职院校学校党组织层面、二级学院党组织或者一个支部和农村支部结对共建，组织开展一些党建和帮扶活动。按照"资源共享、优势互补、相互促进、共同提高"的共建原则，交流党建经验，分享建设成果，共同促进双方党建工作再上新的台阶。

三、高职院校党建帮扶农村党建文化建设的路径

改进农村党建文化建设帮扶现状，要从做好长期规划、全盘谋划、科学性、实用性等方面来思考。贵州轻工职业技术学院自2021年5月帮扶剑河县革东镇方陇村以来，以第一书记为纽带，充分发掘学院资金、人才、科研、文化等优势，以党建共建为契机，促使方陇村从软弱涣散党支部逐渐发展成为一个示范党支部。

（一）坚持党建引领，以阵地文化建设为基础，构建党建文化环境氛围

一个支部就是一个堡垒，就是一个阵地，建好这个阵地对于提升党员凝聚力、推动事业发展有着至关重要的作用。通过党建共建的形式，贵州轻工职业技术学院建筑工程系党总支帮助方陇村党支部将方陇村党群服务中心改造一新。通过党建制度上墙，配置活动室会议桌椅、办公室家具电器、文化读物等方式建设一个标准的农村党员活动室和党群服务中心，通过党员带头、群众参与、共建单位党组织指导的形式建成200余平方米的方陇村党史、文化、政策宣传文化广场，充分发挥党建帮扶单位优势，指导和规范农村基层支部阵地建设，构建党建文化育人氛围。

（二）坚持党建引领，以党建帮扶活动为载体，推动落实党建文化理念

党建帮扶活动可以充分发挥共建支部优势，组织开展各类党建文化活动，推动落实党建文化理念。如通过开展上一次党课、组织一次集体学习、做一次图书捐赠来丰富支部文化活动；通过组织一次红色教育活动、一次红色革命体验来增强党员理想信念；通过一次老党员慰问、困难群众慰问、留守儿童慰问来提振群众拥党爱国的决心。

（三）坚持党建引领，以专业人才优势为桥梁，撬动农村事业发展动能

《习近平谈治国理政》第三卷中《谱写人类反贫困历史新篇章》强调："脱贫攻坚，加强领导是根本。"2021年开启乡村振兴工作以来，贵州轻工职业技术学院也一直延续这一工作原则。贵州轻工职业技术学院积极发挥党的优势，选派优秀的干部到帮扶村任第一书记，帮助和指导基层党建、文化、教育、产业发展、基础设施建设等方面建设发展；通过构建"科技特派员+驻村工作队"结对帮扶机制，助力产业振兴。学校有效整合优势办学力量，以帮扶点农业、农村产业发展需求为导向，在省、州、县三级科技部门的支持下，利用以12名省、州、县级科技特派员为成员的学校科技特派员工作队专业优势，针对性地帮助剑河，切实有效地开展农技培训、科技成果推广和产业发展帮扶，将先进的农业科技成果和现代农业生产理念在农村扎根，以"科技兴农"促进农民增收、乡村致富、农业发展。2021年以来累计派出科技特派员到方陇村指导产业发展30余人次。在科技特派员帮助下，方陇村产业发展从一无所有到2022年春季实现羊肚菌种植营收30多万元，收获蜜本南瓜7000多斤；学院派出的省级科技特派员为剑河县柳堡村高山米酒合作社开展了米酒酿造技术专项培训，帮助合作社提升米酒品质，实现增收10万余元。协调优秀学生党员、积极分子到帮扶村开展社会实践活动，2021年为剑河县革东镇22个村拍摄全方位全景VR视频，让农村村寨样貌、山水田园直观地呈现出来；组织学校统战人士助力乡村振兴服务团，围绕绘画、编程、啦啦操、泥塑等内容在学校帮扶点开展了5期石榴籽公益课堂，丰富了学校帮扶村小学课堂教学内容；动员优秀校友通过教育结对、资金、项目等形式开展帮扶。贵州轻工职业技术学院通过自上而下、全员覆盖的形式发挥高校人才优势，撬动乡村发展动能，提升乡村自主造血功能。

着眼"读书+就业"一站式解决。学校在连续三年开设计算机应用、市场营销等专业中职企业订单班的基础上，与贵州安酒股份有限公司联合举办酿酒技术专业中职"黔匠班"，学生大多是帮扶县脱贫家庭监测对象，学校全面落实各项学生资助政策，优化课程设置，校企双主体联合培养符合地方特色产业需求的技术技能型人才。

地方特色文化与高职校园文化融合育人研究[*]

——以贵州省黔东南州剑河县为例

摘　要：高职院校校园文化建设对促进技能人才人文素养的培育具有重要作用，是高职院校"三全育人"的重要环节，而融入地域特色，对于提高高职院校校园文化品质，发挥高职院校校园文化作用具有十分重要的意义。如何把地方特色文化和高职校园文化相融合，协同发挥两者文化育人功能，是一个重要的理论和实践问题。

关键词：校园文化；地方特色文化；融合育人

党的十八大以来，以习近平同志为核心的党中央开启了文化强国的新时代。文化是一个国家、一个民族的灵魂，需要一代代人去传承和发扬光大。对根植于地方发展建设需要的高职院校而言，其发展过程中不可避免将受到所在区域特色文化的影响。地方特色文化可以有效提升高职校园文化的层次，丰富校园文化的内涵，满足学生对文化的多元诉求，高校自身与地域文化实现良性互动、有机融合，将更加突显校园文化特色，有力提升校园文化的育人功能。

一、剑河县地域文化特色

剑河县位于贵州省东部，黔东南州中部，2021年年末户籍人口27.93万人，其中以苗、侗为主的少数民族人口占总人口的96%。剑河县浓郁的民族风情，是当地文化最富特色的内容。剑河县民族节日丰富多彩，有牯藏节、招龙节、姊妹节、祭桥节和"六月六"民歌节等传统节日；民族原生态艺术引人入胜，有稿午苗族水鼓舞、革东苗族飞歌、久仰苗族情歌、温泉农民画等；此外，小广侗族婚俗被誉为世界上最古老、最原生态的集体婚礼，柳富

---

[*] 本文作者：周水源，贵州轻工职业技术学院文化与旅游系（基础教学部）副主任。

锡绣、巫包红绣被列为国家非物质文化遗产名录。贵州轻工职业技术学院自2016年起定点帮扶剑河县三个村寨，同当地建立起紧密的校地协作关系，当地丰富的地方文化源源不断地提供养分，为达到学院校园文化与地域文化实现良性互动发展奠定了良好基础。

二、树立融合理念

地方特色文化是某个地域在长期社会生产生活中形成的当地独有的文化表现。校园文化是学校长期办学所形成的一种内在文化氛围，它往往凝聚着学校的学风、校风和作风，在人才培养的系统工程中作用显著。这两种文化由于主体上的相对独立而各具个性，又由于地缘上的关系而亲密不可分割。作为我国文化事业发展的重要组成部分，高校文化和地域特色文化的融合发展，是当前文化育人过程中需要正视的问题。文化对人的发展具有潜移默化和深远持久的影响，优秀文化塑造人生、丰富人的精神世界、增强人的精神力量、促进人的全面发展。为此，在校地文化融合育人的过程中，首先，必须全面落实立德树人的根本任务，以习近平新时代中国特色社会主义思想为指导，教育引导学生坚定理想信念，厚植爱国情怀，不断提高学生的思想道德素质和文化素养，始终坚持高职院校融入地方、服务地方的办学定位，融合地方特色文化提炼校园文化的特色。其次，结合课程思政、主题教育等形式，加强对地域特色文化的宣传，加深师生对其了解与认知，产生认同感与自豪感。最后，要形成优秀的校地文化融合产品。着力加强对地方优秀文化的挖掘、开发和利用，将剑河县特色民族文化资源引入校内，挖掘学院帮扶地方脱贫攻坚过程中形成的典型案例等，打造求真向美、积极向上的文化产品，营造浓郁的高等职业教育文化育人氛围。

三、确立融合路径

校地文化融合育人，要在校园文化建设中兼顾地域文化特色，将高等职业院校校园文化体系置于地区经济社会发展体现出的文化内涵中统筹考虑，选好校地文化融合点，不断丰富融合内容，要创新校地文化融合的方法和途径，形成一个具有地方特色、高职特点的校园文化品牌，切实发挥文化育人功能。一是扎实开展地域特色文化研究。依托学院同剑河县形成的良好校地互动关系，依靠学院自身及大学城的智力资源，设立专项研究课题，组织开展剑河特色文化资源调查、调研，着力使繁杂的地域文化更加条理化、系统化、科学化，并在这个过程中，完成提炼地域文化的核心实质，选取优秀的地域文化和吸收可推广的剑河当地特色文化等内容。二是在挖掘地方特色文化基础上，创新学校文化建设内容。学院在帮扶地方工作中，也可以通过和剑河县文化单位形成共建关系，建立良好的文化互动体系，将学院校园文化和地域特色文化相结合，使地方文化渗透到高校校园文化之中。在学院学生社团到剑河县开展"三下乡"等社会实践过程中，更多融入文化体验元素，充分利用剑河地方文化，为学校教育教学服务，为大学生成长成才服务。三是加强文化融合育人载体建设。首先是建设，建设剑河当地特色文化在校内的场馆载体。在学院民族工艺品体验馆加入剑河柳富锡绣、巫包红绣等文化内容，并开辟介绍剑河文化的专栏；还可在学院酒文化体验馆开辟剑河少数民族酒文化专题等。四是建设宣传载体，推动地方特色文化的宣传和传播。包括利用校内的纸质媒体、新媒体、学术刊物、校园环境等阵地，加强对校地方文化融合成果的宣传，营造浓厚的特色文化氛围；抓好我院帮扶剑河优秀人物访谈，传递他们的声音，引领校内师生，扩大社会影响；抓好活动宣传，深度剖析特色文化活动，挖掘经验，培育典型，激发师生的文化创造活力，创建融地方文化和学校文化于一体的校园品牌文化。

四、融合建设保障

为确保高职院校特色校园文化建设的有序推进，首先要提高思想认识，充分认识到形成特色的校园文化育人品牌是学院生存和发展的重要保障，要在全院师生中形成高度的文化建设自觉和文化自信。其次，在学院层面要成立校园文化特色建设工作领导小组，通过强有力的领导，加强顶层设计，统筹实施，扎实推进，整合和集聚学院人才、资本、信息、技术等方面的优势和力量，最终提高自身的校园文化软实力。最后加强经费保障，保证必要的场馆建设和维护投入、宣传经费投入和科研经费投入等，要不断提高经费的使用效益，开展经费投入绩效考核，不断完善校园文化特色建设的软硬条件。

总之，高职院校在建设的过程中要深刻领会习近平总书记关于"建设社会主义文化强国"的重要论述精神，牢牢把握校园文化发展、变化的基本规律，充分发挥高职文化自觉的价值功能，以社会主义核心价值观为魂，建设高品质的高职特色校园文化，全力推动新时代学校各项事业迈向新的台阶。

参考文献：

[1] 董前程，王雪．论高校思想政治理论课教学中融入地域特色精神：

意义与路向 [J]. 教育理论与实践, 2020, 40 (9).

[2] 李斌, 费艳颖. 地方高校校园文化与地域文化的协同育人研究——以校本课程文化浸润为切入点 [J]. 教育理论与实践, 2021, 41 (30).

构建"1235"工作模式，打造"健康轻工"校园文化品牌*

摘　要："职教20条"的提出，为职业教育机制搭建了完整的"四梁八柱"，给职业教育提供了快速发展的机遇，但是职业教育的快速发展扩大了技术技能人才的缺口，产业提质升级也对职业教育在如何服务产业发展和满足人才需求方面提出了更高要求，而校园文化建设在职业院校培养文化自信、"三观"正确的新时代"大国工匠"中有着重要意义。贵州轻工职业技术学院轻工化工系立足系部专业实际，对接产业和社会发展要求，以"三全育人"为目标，以"十大育人"为基础，形成一种体系、两个平台、三支队伍、五项品牌的"1235""健康轻工"校园文化品牌，培养符合企业需求、服务社会和地方经济发展的具有健康知识、健康人格、健康体魄、健康情趣的高素质人才。

关键词：校园文化建设；"1235"工作模式；"健康轻工"

一、实施背景

校园文化是学校发展的灵魂，是学校育人工作的重要一环。以文化人、立德树人，对学生人生观、世界观等方面有着潜移默化的影响，它能促进整个学校的教育管理、教育思想、教育方法的变革，对于提高学生的思想道德素质、开发智力、增进身心健康、丰富文化生活、促进全面发展有重大的意义。

2019年国务院出台《国家职业教育改革实施方案》，明确职业教育与普通教育是两种不同的教育类型，但具有同等重要地位，是培养大国工匠、能工巧匠的重要方式，承担着"以文化人"的重要使命。但是高职院校因为其教学的特性，要实现学习、教学和生产过程的统一，更多地注重动手与动脑

---

* 本文作者：黄章琼，贵州轻工职业技术学院轻工化工系党总支副书记。

相结合、理论与实践相结合、技术和技能相结合，同时由于其生源的特性，他们与本科学生相比，文化基础薄弱，整体素质偏低，尤其在自控能力、学习成绩和行为习惯等方面有偏差，因此高职院校的校园文化具有一定特殊性，必须结合高职院校的专业特性、实践特性和生源特性，打造符合高职院校教育特性的校园文化活动。

轻工化工系是学院办学历史悠久的系部。近几年，服务贵州"大健康"战略、"五张名片"的能力越来越强，专业特色鲜明。2015年以来，轻工化工系紧紧围绕"轻院素养"品牌文化建设，结合系部专业特点和服务地方产业经济发展的要求，以"健康"为主题，以"立德树人"为核心，形成"1235"工作模式，以健康知识、健康人格、健康体魄、健康情趣、健康传承等为主要内容，逐渐形成铸健康文化、育健康之人的"健康轻工"校园文化品牌。

二、实施目的

通过校园文化的熏陶和潜移默化的作用，学生感受到了职业的魅力，懂得了职业教育的重要性，感受到了社会的正能量，重塑了自信，提升了对专业的兴趣，树立了正确的三观和良好的职业观，从而培养起职校学生的责任意识、团队意识、合作意识和工匠精神等；进一步增强文化自信，通过将专业知识与实践活动深度融合，坚持以市场人才需求为导向，以促进学生就业为目标，培养具有理论性、实践性和针对性，且具有职业道德、敬业精神、创业精神和开拓能力和自律性的应用型人才，为培养高素质技术技能型人才奠定坚实的思想基础。

三、主要做法

（一）以质量诊改为契机，建立一个体系

学院是教育部内部质量诊断与改进试点院校。轻工化工系以内部质量诊改为契机，根据系部发展的阶段性特征以及人才培养质量的目标要求，将教学内容与职业标准相融合，人才培养标准对标行业企业用人需求等，建立专业标准、课程标准、教师标准和学生标准，形成由系部、社会、行业企业、家长等组成的多元人才培养质量评价体系，多方评价人才培养质量。根据PDCA循环（戴明循环），明确目标计划，组织具体实施，进行检查反馈，不断诊断改进，形成质量文化，以螺旋上升式提高人才培养质量。

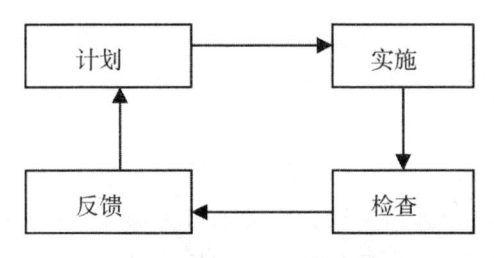

图1 PDCA循环（戴明循环）

（二）以立德树人为根本，搭建两个平台

立德树人作为教育的根本任务，要求我们要树立以学生为本的理念，关注学生成长成才的需要，注重学生全面发展与个性发展。因此，我们搭建两个平台，促学生健康成长，全面发展。

1. 搭建产教融合实践育人平台

高职院校培养人才，一个重要的方面是实践育人。学院依托职教集团，与企业共建产教融合实训基地，促进人才培养与产业需求协同发展；同时依托产教融合基地，积极开展"三下乡"、社会调查、志愿服务、工学交替、顶岗实习、创新创业等社会实践活动，使学生在实践中发现新知、运用真知，在解决实际问题的过程中增长才干，不断提高实践能力、创新创业能力。

2. 搭建文化育人平台

轻工化工系是学院办学历史最悠久的系部之一，同时也是服务贵州大健康产业的系部，因此，要紧紧围绕"健康轻工"的文化内涵，努力建设体现学院历史文化、经验和现代教学发展和成绩，健康向上的系部文化，借助"贵州省酒类文化展厅""轻源食坊""心语书屋""黔匠工坊"等文化载体，依托大师名师"进系部""优秀校友论坛""榜样行动"等对学生进行系部历史文化、与专业相关的行业文化、体现特色的地域文化、爱岗敬业的价值文化等教育，有效促进学生全面发展，进一步提高文化育人实效。

（三）以"双高"建设为统领，打造三支队伍

作为国家"双高"建设学校，校园文化建设至关重要，而队伍建设是校园文化建设的主力军，因此我系结合已有基础和实际，积极打造三支队伍，确保校园文化建设的有效运行。

1. 打造一支师德高尚、结构合理、业务能力强、专兼结合的教师队伍

以师德师风建设活动为抓手，以"德为人先、学为人师、行为示范"为准则，以提高教师队伍的整体素质为核心，以内容和形式丰富的师德教育活动为载体，规范教师言行，全面提高系部教师师德水平。通过内培外引，改

善教师队伍的年龄结构、学历结构、职称结构和学缘结构；采用校企、校校深度融合，建立大师工作室，柔性引进高层次人才，聘用企业能工巧匠，以形成一支具有现代职教特色的教师队伍。

2. 打造一支信念坚定、乐于奉献、专兼结合的学工队伍

以习近平新时代中国特色社会主义思想为指导，不断加强思想建设，强化理论武装，积极探索和创新学习教育的长效机制。树立与时俱进、开拓创新、求真务实的思想观念，打造"四个意识"坚定的辅导队伍。加强作风建设，"学为人师，行为世范"。学生工作队伍的师德集中体现在对学生的热爱，对学生人格培养的全面负责上，因此，学生工作队伍在工作中必须做到忠于职守、为人师表、以身作则、办事公正、任劳任怨，尤其要坚持发扬敬业奉献精神，将其具体表现融入年度目标考核指标体系进行量化考核。加强业务培训，建立集中与分散相结合、学院与系部相结合、校内资源与校外资源相结合、长期与短期相结合的学习培训机制，经常性地进行学习经验交流和探讨，采取"请进来""走出去"等方式，不断开阔视野、与时俱进，增强自身业务素质，营造良好的学习研究氛围，形成学习型工作团队。积极探索工作新机制，学生工作人员由原来的"全盘都抓"转变为"有所侧重"，做到"有所为有所不为"，根据自身特长，形成自身特色、优势，进行合理分工，实行"模块化"管理与服务，明确任务，责任到位，促使学生工作人员在其分管的领域思考、研究和创新。

3. 打造一支自主管理能力强的学生自主管理队伍

实施学生自主管理，旨在提高学生自我管理的意识和能力，充分调动和发挥学生的主动性、积极性和创造性，培养和提高学生自主学习、自我发展的能力，让学生由被动管理走向主动参与，让一部分学生做全校文明行为的榜样，带动全系同学养成讲文明、守纪律的良好习惯，提升系部的管理水平。构建学生自主管理的组织体系，明确学生自主管理的职责，建立学生自主管理工作机制。

系团总 → 系学生 → （年级）系学生自主管理委员 → （班级）班委

图 2　系学生自主管理组织体系

（四）以"健康轻工"为特色，开展五大品牌活动

1. 关爱生命系列活动

生命是美丽而伟大的，古往今来，多少文人墨客赞美生命，留下了无数生命的颂歌、生命的绝唱。生命是一切活动的基础，然而现如今，有一部分青年学生生命意识淡薄，缺乏对生命应有的热爱、尊重与珍惜。因此我们以"关爱生命"为主题，设计了系列活动，如"禁绝毒品·关爱生命"、"关爱生命·安全出行"、"5·25"心理健康活动等，对学生进行生命意义教育，让他们对自己的生命有一定认识，对他人的生命抱珍惜和尊重的态度，培养他们对社会及他人的爱心，使学生在人格上获得全面发展。

2. 行为养成系列活动

将社会主义核心价值观融入日常生活实践，引导新生树立学习目标，明确发展方向，培养良好的学习与生活习惯。开展军事教育教学，培养学生的纪律意识、集体精神、内务卫生观念、运动与健康理念；深入实施"我的大学"入学教育，通过参观校史馆、走进图书馆、学长学姐带你逛轻工、专业体验周，聆听领导、合作企业负责人、优秀校友等进行的"如何过好大学生活"等专题讲座，让学生了解所学专业及行业，引导学生在奋斗和奉献中找寻人生的价值和意义。开展升国旗活动、"唱校歌，爱母校"合唱比赛，培养学生的爱国爱校之情；通过"文明问早"礼貌运动和劳作教育，培养学生的文明礼仪和爱岗敬业素养，同时积极开展职业生涯规划，帮助学生扣好职业教育的第一粒"扣子"。

3. 技能素养提升系列活动

职业院校注重专业与技能的深度融合，轻工化工系以白酒产业需求为导向，旨在培养"懂工艺、善品评、会检测、能营销"的技术技能人才。因此院系依托产学研实习实训基地和合作企业，进行岗位体验，体会对职业的敬畏和对质量追求的"匠心"精神，提升学生的社会适应性；创新校企共同授课新模式，实施专、兼职教师双重指导，强化专业技术技能训练，体会新时代工匠将"匠心"融入生产的每个环节，既对职业有敬畏、对质量严要求又富有追求突破、追求革新创新活力的匠心品质，提升学生岗位竞争力和职业发展性；充分发挥人文素质教育课程的育人功能，深入开展基础素质培养、职业通用能力培养、金融常识教育，培养学生的法律意识、风险防范意识和契约精神，提升学生人文底蕴；积极探索"小班化"教学，开设了"白酒黔匠班""清源食坊""清源食检"三个兴趣班，打好学生职业素养的底子。

4. 创新能力提升系列活动

以"追求卓越的创新精神"作为判断新时代"工匠"的一个重要标准，通过各专业分学期开设的"创新与创业""职业生涯规划""就业指导"等必修课程和校内创业孵化基地、校企联合建立的大学城双创园校外实习实训基地，支持鼓励教师指导和带领学生申报创新创业项目。举办"金点子"大赛、"挑战杯"创新创业比赛、"互联网+"创新创业比赛、创新创业训练营等活动，培养学生的创新意识和创新思维，提升其就业创业能力。

5. 环境美化活动

校园环境的美化和建设对大学生文化素质的教育有着不可替代的作用。因此我们要组织学生进行校园绿化美化、教学场所美化、生活场所美化的系列活动，以使同学们学习和生活上心情舒畅。整洁、优雅、文明的校园环境既能激发学生的求知欲望，又能使学生的思想境界在生活中潜移默化地得到美的陶冶，让他们的思想水平和知识水平同步提高，真正成为思想上与时俱进、精神上丰富多彩、技术技能娴熟的名副其实的当代大学生。

四、成效及成果

（一）教风学风迈上新台阶

校园文化润物无声，从精神到物质，师生潜移默化，修身养德，收到良好效果。学院从加强思政课程、"课程思政"、行为文化和学生管理等方面入手，以制度建设和强化管理为突破口，以正面教育为主，帮助学生树立信心，引导学生从规范走向自觉，从"要我学"走向"我要学"，学生的目标更加明确，学习更加勤奋刻苦，同学团结互助，学生知礼感恩，行为习惯更加良好；教师更加敬业乐业，兢兢业业，任劳任怨。班风正、学风浓、教风好、系风优，系部连续两年荣获"优良学风示范系"称号，连续三年在学院目标考核中获得一等奖。

（二）教育教学质量显著提升

近三年来，通过系部校园文化的深入开展，系部教师素质不断提升，双师率达到96%，系部教师参与建设"中华酿酒传承与创新"国家专业教学资源库，多元协同出版项目化教材6部，主持参与省级教改项目10余项，沈晖等4名教师获全国教学技能大赛一等奖，《白酒品评技术》精品开放课程获批省级立项，《"校园"+"平台"+"家园"协同培养欠发达地区食品类技术技能人才的创新与实践》项目，获批贵州省高校思想政治工作"十个一"精品项目科研育人类别立项。

（三）学生综合素质明显增强

学生思想积极健康向上，衷心拥护"两个确立"，坚决做到"两个维护"，坚持中国特色社会主义道路，学业成绩优良。2019—2022 年，学生荣获国家级奖项 5 个，获奖学生 100 人次；获省部级奖项 40 余项，获奖学生 200 人次；指导学生参与产业相关项目 10 余项。2018 级食品生物技术班谢言梅同学荣获"中国大学生自强之星"，2020 级食品工业类 1 班万东阳同学创作并发布的禁毒歌曲《雾》被贵阳禁毒办列为优秀作品。学生面试进入本科院校就读人数比例连续三年位列全校第一；年终平均就业率达到 98% 以上，实现建档立卡学生就业率 100%。在 2022 年贵州省职业院校师生技能大赛"白酒品评"和"白酒酿造"两个赛项中共取得一等奖 4 个、二等奖 3 个、三等奖 3 个。系部班级连续三年被评为省级先进班集体。

（四）系部综合实力有效提升

系部的校园文化已成为一张名片，先后接待了教育部及省内外领导和 100 多所省内外职业院校参观学习，成为学校校园文化建设借鉴的楷模，示范效应凸显。系部三年来教育教学发展实现高度上的跃升、广度上的拓展、深度上的突破。党对事业的领导不断坚实，系部学生规模不断扩大，师资力量不断增强，人才培养质量不断提升。先后荣获省级人才培养质量提升工程建设项目 9 个，"兴黔富民"项目 7 个，在已完成验收的项目中有 3 项获得验收优秀等次；酿酒技术骨干专业、邱树毅大师工作室、食品生物开放实训基地、贵州山地特色水果及其制品工程研究中心等 4 个项目被教育部认定为 2015—2018 年创新发展行动计划项目。系部教师任艳玲博士 2019 年荣获"全国优秀教师"荣誉称号，2021 年荣获"全国巾帼建功标兵"荣誉称号，2022 年被评为"黄炎培杰出教师"，2022 年当选贵州省第十三次党代会代表；蒲朝新同志 2021 年荣获"全国脱贫攻坚先进个人"荣誉称号；王娟教授 2018 年荣获"黄炎培职业教育杰出教师奖"、王力同志 2021 年荣获贵州省委教育工委省属高校"优秀党员"荣誉称号；《聚集团合力育人才服务酿酒产业发展》案例入选教育部 2021 年产教融合校企合作典型案例；《产教融合：打造产教融合高地赋能"技能贵州"建设》案例入选 2022 年全国职业教育产教融合优秀典型案例。

五、体会与思考

（一）校园文化建设是提升教育内涵、促进教育可持续发展的重要途径

职业院校应立足新时代职教特色和职业教育要求，积极探讨符合新时代

职教学生特点的校园文化规律和内容，建立长效的文化育人机制，推动学校的各项工作再上新台阶。

（二）学生的成长，特别是职业院校学生的素质提升和成长不完全来自课堂

具有职教特色的校园文化对学生各方面素质的提高起着不可替代的作用，是任何课程无法比拟的。因此应根据学校的实际，将专业特色与校园文化活动紧密结合，引进工匠文化、企业文化等，打造具有时代特征和职教特色的校园文化。

（三）职业教育重要的作用之一就是服务地方产业和经济发展

在打造职教校园文化时，积极引入地方特色和文化，将多彩贵州文化与系部专业特色融合，激发贵州学生的文化自信，提升对家乡的文化认同感，坚定学生服务贵州的信念感。

基于 KGPAP 工作机制的高职院校"三全育人"体系构建[*]

摘　要：深化"三全育人"改革作为中国特色高水平高职学校和专业建设计划任务中的重要工作之一，对于高职院校落实立德树人根本任务，培养更多高素质技术技能型人才、能工巧匠、大国工匠具有深远意义。本文基于 KGPAP 工作机制，有机整合各要素之间的相互关系，从而探索构建全员、全过程、全方位的高职院校"三全育人"体系，助力提升高等职业教育的人才培养质量，为国家经济社会发展提供强有力的技能人才支撑。

关键词：KGPAP 工作机制；高职院校；"三全育人"；体系构建

一、时代背景

目前，中国职业教育改革发展已经走上提质培优、增值赋能的快车道，职业教育的面貌发生了格局性变化，已成为国家经济社会发展的重要支撑部分，是广大青年打开通往成功成才、实现人生出彩的重要途径。截至目前，职业教育已经为全国各行各业累计输送了 2 亿多名技术劳动者，占全国总就业人数的 26%。然而高素质技术技能人才仅有 5000 余万人，占技能人才总数的 28%，与美国、德国、日本、英国等世界主要制造强国相比，仍存在不小差距。因此，通过总结研究 KGPAP 工作机制，探索构建全员、全过程、全方位的高职院校"三全育人"体系，培养一批宏大的高素质技术技能型人才、能工巧匠、大国工匠，对提升我国制造业发展质量、助力迈向制造强国目标实现显得尤为重要。

---

[*] 本文作者：惠才贤，贵州轻工职业技术学院党委宣传部（统战部合署）工作人员；余独醒，贵州轻工职业技术学院党委宣传部（统战部合署）统战科科长。

二、KGPAP 工作机制的基本内涵

KGPAP 工作机制有机整合核心（Key）、目标（Goal）、原则（Principle）、主体（Agent）、路径（Path）五大构成要素，通过分析挖掘各要素的独立特征和各要素之间的相互关系，并在此基础上进一步坚定核心、明晰目标、设立原则、确定主体和规划路径，从而形成一套动态的工作流程和常规机制。

核心（Key）有中心、内核之意，是整个工作机制中最关键的部分，具有支配决定权和无可替代性。其他要素的各项工作都必须围绕这个核心展开，核心一旦不存在，整个工作机制自然也就失去了支撑和主心骨。

目标（Goal）有目的、愿景之意，在整个工作机制中具有引领性和方向性，事物是否向预期的结果发展，取决于设定的目标是否恰当。目标设置理论认为，目标的设置能够引导活动指向与目标有关的行为，并影响行为的持久性。

原则（Principle）有规律、准则之意，往往是从实践经验中抽离出的行动准则，能够使事物的发展更具有科学性和合理性。原则设立的科学化和合理化程度，会间接影响工作的效率和结果。

主体（Agent）有主要、关键之意，是促进一切事物发展运行的主要推动力量。这里的主体可以是人，也可以是机构、部门或者平台，总之就是形成工作合力的重要参与者和实施者。

路径（Path）有路线、途径之意，是事物发展由起点到终点的全程，也是一个先后有序、层层递进的过程。路径规划的科学性和实用性，直接决定了工作的深度和广度。

三、"三全育人"体系的构建

结合 KGPAP 工作机制和高职院校发展实际，笔者分别从核心、目标、原则、主体、路径等五个要素入手，在综合分析论证的基础上，通过坚定育人核心、明晰育人目标、设立育人原则、确定育人主体和规划育人路径，从而探索构建全员、全过程、全方位育人的高职院校"三全育人"体系。

（一）坚定育人核心

在育人工作中，核心要素主要解决的是"为谁培养人"的问题，代表着"三全育人"工作的根本立场和核心任务。立德树人是高等院校的立校之本，也是高职院校"三全育人"体系的根本核心。立德方能树人，职业教育能否

培养出高素质技术技能型人才、能工巧匠和大国工匠，关键要在立德上下功夫。何为立德？立德就是通过全面系统的思想政治教育，引导广大青年学生树立正确的世界观、价值观和人生观。因此，新时期高职院校推进"三全育人"工作，必须牢牢把握"立德树人"这个核心要义，坚持不懈地用马克思主义中国化最新理论成果武装青年头脑，引导广大高职院校学生树立对马克思主义的坚定信仰、对中国特色社会主义的坚决信念以及对中华民族伟大复兴中国梦的坚强信心，不断磨炼技能技艺，提炼工匠精神，力争为全面建设社会主义现代化国家、实现中华民族伟大复兴的中国梦贡献自己的一份力量。

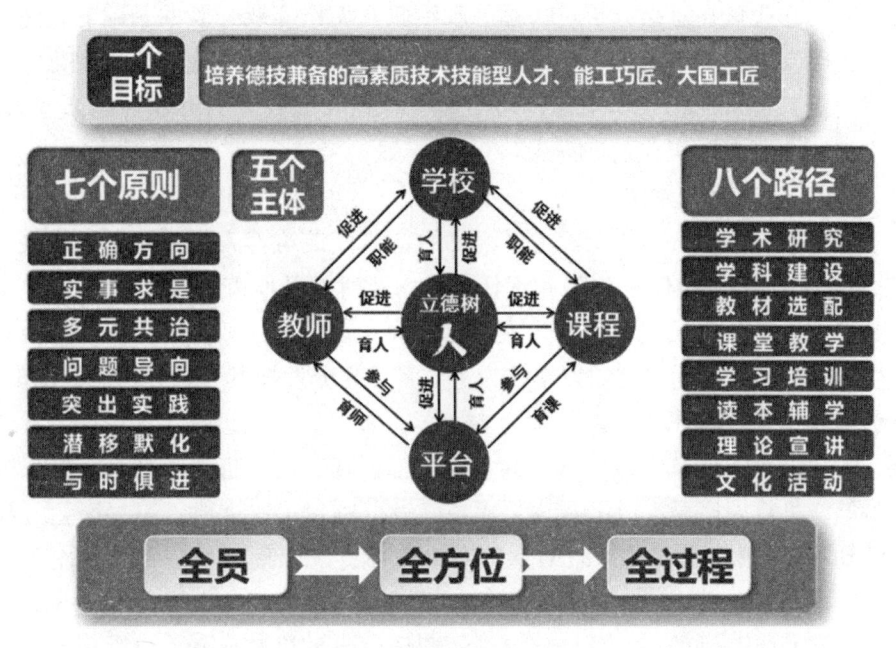

基于 KGPAP 工作机制的高职院校"三全育人"体系图

（二）明晰育人目标

在育人工作中，目标要素主要解决的是"培养什么人"的问题，代表着"三全育人"工作的总体目标和重要使命。高等职业教育作为一种独特的教育类型，既要和普通高校的育人目标保持一致，同时更应该突出职业属性，坚持德技并修，注重对高职院校学生思想道德和技能技艺的双元培养。一方面加强"德"的熏陶，教育引导广大高职学生树立正确的世界观、人生观和价值观，以社会主义核心价值观规范和约束自己，实现思想道德的升华；另一方面注重"技"的提升，强化技能技艺和操作水平，不断创新，砥砺自我，立志成为德技兼备的高素质技术技能型人才、能工巧匠、大国工匠。因此，新时期高职院校推进"三全育人"工作的总体目标应该是：努力培养德技兼备的高素质技术技能型人才、能工巧匠、大国工匠。

（三）设立育人原则

在育人工作中，原则要素主要解决的是"谁会培养人"的问题，代表着"三全育人"工作的基本准则和行为规范。高职院校"三全育人"工作是一项相对独立的重要工作，具有自身的规律性，而基本原则正是对其客观规律的主观反映的结果。只有真正把握基本原则和客观规律，才能保证育人工作的正确方向，促进科学发展，增强育人实效。因此，新时期高职院校"三全育人"工作应该在总结分析过去思想政治教育工作实践经验的基础上，充分遵循正确方向、实事求是、多元共治、问题导向、突出实践、潜移默化、与时俱进等工作原则和工作规律，切实提升思想政治教育的针对性和亲和力，推进"三全育人"工作走向深入。

（四）确定育人主体

在育人工作中，主体元素主要解决的是"该谁培养人"的问题，代表着"三全育人"工作的任务分工和责任构成。新时期高职院校"三全育人"工作要想真正做到春风化雨、深入人心，必须实现学校、教师、课程、平台和学生等五个主体协同参与：以学校为主导者，充分发挥其领导、协调、保障、评估和监督等行政职能；以教师为主力军，努力形成思想政治理论课、专业课、实训课教师以及党政干部、共青团干部、辅导员、班主任甚至后勤保障人员等全员育人格局；以平台为主渠道，充分利用第一课堂、第二课堂（校园活动等）、第三课堂（互联网）等育人载体；以课程为主阵地，树立"全课程"的思政教育理念，正确处理好思政课程与课程思政、专业课程与思政课程之间的辩证关系，充分挖掘各门课程所包含的思政元素；以学生为主人翁，主动探索、发现和挖掘学生的主观能动性，教育引导他们逐渐认可并主动参与育人工作，最终形成由理论认知到情感认同再到理念信仰的升华。各主体之间相互协调、共同促进、互为补充，充分发挥多元主体协同育人的独特优势。

（五）规划育人路径

在育人工作中，路径要素主要解决的是"怎么培养人"的问题，代表着"三全育人"工作的具体方法和重要举措。作为一项复杂的动态工程，新时期高职院校"三全育人"不仅是教学部门或者思想政治理论课教师的专属工作，还是覆盖整个高职院校各部门、各群体的统一行动。因此，必须紧密结合高职院校的学术研究、学科建设、教材选配、课堂教学、学习培训、读本辅学、理论宣讲、文化活动等各方面工作实际，分别从事前、事中、事后三个层面提出针对性、可操作性和实用性实施路径，从而确保思想政治教育工作真正做到全员育人、全过程育人、全方位育人。

四、结语

在全面建设社会主义现代化国家新征程中，高等职业教育前途广阔、大有可为。因此，新时期高职院校"三全育人"工作应该牢牢坚定立德树人这个根本核心，以努力培养德技兼备的高素质技术技能型人才、能工巧匠、大国工匠为总体目标，坚持正确方向、实事求是、多元共治、问题导向、突出实践、潜移默化、与时俱进等工作原则，协同统筹学校、教师、课程、平台和学生等多元主体，全面推进学术研究、学科建设、教材选配、课堂教学、学习培训、读本辅学、理论宣讲、文化活动等工作路径，从而确保"三全育人"工作真正贯穿于学校教育教学的各环节，实现全员、全方位和全过程覆盖。

新时代校园网络"大 V"现状分析与培育建设*

摘要： 在新时代背景下，互联网飞速发展，人人都是自媒体，特别是在校园里，已经涌现出一大批举足轻重的"网络大 V"，他们有的是官方账号，有的是师生员工自主创建的账号，整体素质水平参差不齐。这批校园"网络大 V"活跃于网络空间，具有强大的在线影响力，并在网络空间建设中发挥着重要作用。如何充分挖掘培育建设一批正向校园"网络大 V"，拓宽其培育人才新渠道，有效促进高校思想政治教育工作的顺利开展，是目前亟待解决的重要问题。基于此，本文对新时代校园"网络大 V"现状与培育建设进行研究，以探索出一条发展壮大高校宣传、育人队伍之蹊径。

关键词： 新时代；校园"网络大 V"；现状分析；思想政治教育；培育建设

新时代的主要特征是"人人都是麦克风""个个都有话语权"，同时，抖音、快手、微博等新媒体平台的不断出现，在很大程度上改变了传播方式。指尖式、裂变式等传播方式都是产生高效舆情事件发生的主要因素，这也对高校育人工作提出了更高的要求。校园"网络大 V"的言论能左右校园舆论走向和引导大学生思维，培育建设一批正向校园"网络大 V"，发挥校园"网络大 V"的正向引领教育功能，使之成为高校思想政治教育工作的有力帮手、弘扬社会主义核心价值观的有效载体、积极正面宣传先进校园文化的重要阵地，对传播校园好声音、展示优良校园形象，具有重要意义。校园"网络大 V"的培育建设要充分打破传统队伍建设"壁垒"，顺应时代发展新思路，方能引领高校育人新未来。

---

* 本文作者：杨梅，贵州轻工职业技术学院党委宣传部（统战部合署）工作人员。

一、校园"网络大V"的定义、现状与不足

根据网络搜索结果,"大V"是指在新浪、腾讯、网易等微博平台上获得个人认证,拥有众多粉丝的微博用户。"大V"又称"网络大V",指的是身份获认证的微博意见领袖。"大V"主要是一些学者、演艺人士以及各种自媒体爱好者等,他们通过在自己的博客上发表观点来引起"粉丝"的关注、传播和共鸣,进而以更广、更深的方式表达自己的思想和意见。因为"粉丝"数量较多,在网络平台上必定具有相当的影响力。本文中所讲的"网络大V"是指在校园生活中有一定人气和号召力的官方特定的组织和个人,他们通过线上媒体、线下交流等方式进行内容的分享、互动及传播,进而影响和改变周边的群体,成为校园当中的意见领袖,因此,校园"网络大V"就是在校园环境下拥有一定师生"粉丝"数量群体的意见领袖。

随着网络与通信技术的迅猛发展,新媒体时代悄然而至。在鱼龙混杂的互联网世界里,拥有几十万以上"粉丝"量的"大V"无疑在以"意见领袖"的身份影响着成千上万网民的价值观。由于受到不同利益和目的的驱使,有些"大V"通过与"网络推手""水军协作",形成一个利益链条,是制作和传达网络流言的重要途径,有些"大V"的言论和行为甚至在某种程度上偏离了社会主义核心价值观,给社会造成了不良影响。投射到校园内,高校也存在着不同等级的"大V",他们也在通过自己的途径和方式不同程度地影响着大学生的思想道德品质和理想信念。

2022年第49次中国互联网络发展状况统计报告显示,中国网民总人数达10.32亿,低于29周岁的网民约占总人数的34.9%。网络成为身处校园的大学生获取信息的主要来源方式,海量信息纷繁复杂,给他们带来了便利,也带来了弊端。如果某些"大V"乘虚而入,挂羊头卖狗肉,对学生输出隐藏负面消极的思想或煽动一些不可取的行为,再加上学生社会经验相对不足,心理不够成熟,对信息真实性的辨别能力不强,导致他们对某些"大V"盲目崇拜、跟风、模仿。因此,校园"网络大V"作为活跃在校园宣传工作中的一支队伍已然成为高校网络育人中不可忽视的重要力量,他们发挥着引领思想、舆论导向等方面的作用。如何培育高校自己的校园"网络大V",引导学生正确对待社会上的"网络大V"现象,社会、校园、家庭、个人的作用缺一不可。祖国的未来寄托在年青一代身上,高校是教育培养青年人才的重要园地,担负着引导青年学生扣好人生第一粒扣子、肩负着培养其形成正确的人生观和价值观的重要职责使命,因此,培养建设正向校园"网络大V"

势在必行，也挑战重重。由于缺乏专业人士进行指导、缺乏足够经验进行管理、经费及硬件设施不足、模式未成体系等种种因素，相当一部分校园"网络大V"在高校育人工作中未能施展与之角色相当的力量，存在一些问题，主要表现在以下几个方面。

（一）政治理论水平有待提高

马克思曾指出："理论一经掌握群众，也会变成物质力量。"信息化洪流时代带来了知识爆炸，这些信息海量、无序，大学生们会通过抖音、微博等多元多样媒体平台接收这些内容，个人接收的信息严重"超载"，其中不乏大量无用、不实的信息。加之部分校园"网络大V"根本不具备较高的思想政治理论素养和敏锐的政治敏感度，还不能很好地分析形势、把握政策，输出的内容不能有效服务于高校育人工作需要，更有甚者，其言行违反社会公序良俗，与主流价值观相悖。曾几何时，也存在因为师德师风、学术造假、违法乱纪等问题而"跌落神坛"的校园"网络大V"，究其原因就是因为他们没用思想政治理论知识武装头脑导致政治理论素养不高，无法严格约束自身。一棵大树的根基被白蚁侵蚀，最终的结果必然逃不掉轰然倒塌，更何况是人呢？

（二）专业人士的指导有待加强

网络空间是现实生活的另一种形态，即所谓虚拟世界。虚拟世界里，"网络大V"应运而生。由于成为"网络大V"的准入门槛较低，群体呈现多样化，因此需要更多的规则和机制去进行约束管理。校园一向是意识形态斗争的主战场，如若这其中的"领袖意见"——"网络大V"无法正向有效发挥其作用，后果势必不堪设想。校园"网络大V"被一大批"粉丝"时刻关注着，其在网络上的一言一行都会对受众起到潜移默化的作用。就目前来看，大部分校园"网络大V"都是高校或个人在运营，创作会出现瓶颈，运营模式过于单一，没有新鲜血液的加入会出现为了流量而蹭流量的行为，原创性、创新性内容颇少，一味模仿、照搬的模式并不是长久之计也并不可取，校园文化的挖掘与传播需要突破和创新，育人方式更需要打破传统，因此，校园"网络大V"极度需要专业力量的介入和指导，协助他们树立新形象，传播正能量。

（三）经费、硬件设施有待增加

校园"网络大V"作为冉冉升起的一颗明星，其背后所依靠的不光是一个人或是一个组织，更可能是一所院校。随着越来越多的高校开始着眼于拓宽新媒体矩阵，占领主战场，纷纷开通官方抖音号、视频号等平台，越来越多的学生群体自发加入围绕学校宣传学校的主力军队伍。校园"网络大 V"要在高校发挥思想引领、日常宣传、答疑解惑、舆论引导等关键作用，则对人员及场地、摄影机、电脑等硬件设施的使用有一定的要求。但因为经费有限等问题，很多高校在硬件设施上保障不足，导致最终难以支撑其顺利开展高校育人相关工作。

（四）管理运营机制仍需完善

部分校园"网络大 V"由于拥有较高的学术地位、社会地位、名人效应或众多的"粉丝"，自命不凡，自认为高人一等，有的自认为"成功人士""知识精英"，有的自命为"维权斗士"，有的自诩为青年"导师""公知"，完全忘记了自身应当承担的社会责任和义务。有的校园"网络大 V"扮演"双面人"，一边把自己打扮成追求真理的"公知"，占据着道德制高点；一边把社会公平诉求当成包装自我形象和大肆敛财的工具，对自身角色定位完全颠倒和失范；还有的校园"网络大 V"本身是知名学者，利用学术研究和探索之机，断章取义、割裂历史，选择性地得出不实结论，或者利用学术论坛、讲座、研讨会等渠道散布不实信息或谣言。以上种种现象，归根结底是因为校园"网络大 V"的管理运营机制还不够完善。

二、校园"网络大 V"的培育与建设

全媒体时代下，校园"网络大 V"是校园网络媒体上的"公众人物"。他们要落实立德树人根本任务，讲好校园故事，传播校园正能量。在新形势高校宣传、育人工作中，他们已经成为一支承担着育人新使命的不可忽视的队伍。因此，对校园"网络大 V"的培育与建设要从思想政治建设、硬件设施建设、专业素质培养、体系机制建设和改革创新建设等方面入手。

（一）强化思想政治建设，大力弘扬社会主义核心价值观和中华优秀传统文化

校园"网络大 V"是校园内信息发布最活跃的群体，同时又有着数量不一、处于不同组织阶层的受众群体，他们发布信息的影响力是一种网状结构，其数量为几何级增长，其影响速度和效率远远超越普通群体和手段。从这个角度看，更需要充分抓好"网络大 V"的思想政治建设。"网络大 V"自身应自觉学习和践行社会主义核心价值观，用思想理论武装头脑，做好大学生学习的榜样，用理论知识来指导实践，在高校宣传、育人工作中发挥积极作用。高校要时刻教育引导校园"网络大 V"加强政治理论学习，坚定理想信念，引导他们增强"四个意识"、坚定"四个自信"、做到"两个维护"，自觉以

习近平新时代中国特色社会主义思想为指导，及时把握领悟党的最新政策理论，将社会主义核心价值观与中华优秀传统文化融入培育全过程，引导他们传递正能量，传播正确的信息，以正确的思想和价值观引导人、鼓舞人、教育人、塑造人，充分发挥思想和价值观的引领作用，以实际行动诠释新的使命担当。

（二）实施硬件设施建设，大力支持高校培育发展校园"网络大V"

时代在召唤，青春正当行。校园"网络大V"培育与建设需要提供适配的硬件环境保障及相应运营管理经费。首先，要确保校园"网络大V"运营工作中必需资金的投入，为他们提供较为专业的相机、无人机、电脑等专业技术设备以及独立的工作空间，提供与之配套的物质保障。其次，要与时俱进地融入5G、AR、大数据、人工智能、云计算等先进技术，不断优化传播素材数据资源的管理和共享、作品内容的编审和发布等功能，要加快建立智慧校园智能平台、高校学生画像系统，为高校育人工作提供强有力的技术支撑。最后可以引入大数据算法技术，对教育行业热点进行集中数据挖掘，围绕人才培养、队伍建设、教学科研、社会服务等方面整合资源，根据价值需求，使用机器算法提取内容线索，为选题策划提供参考支撑。以上种种能保障校园"网络大V"越走越远、越走越好。

（三）紧抓专业素质培育，大力打造"高质量""高标准"专业育人队伍

在这个信息如潮的环境中，成长为一名校园"网络大V"并不是一件容易的事情，具体来说，校园"网络大V"一般具备如下的素质：敏锐政治嗅觉、权威话语能力、专业技术技能、强大媒介素养、深层文化涵养。但是，光是这些还不够，抓好校园"网络大V"专业素质培育，还得在"人"上下功夫。

一是要在具有深厚理论知识和专业素养的教师、掌握优秀相关技能的学生中选择，吸纳其成为校园"网络大V"的后备队伍人员。一方面，学校在培育"网络大V"时具有先天优势条件，即可以选择本身专业素质强、在校关注度高、受师生喜爱的教师作为培育对象，这样的校园"网络大V"既拥有教师的身份，也能够发挥校园"网络大V"的积极作用引导学生，积极掌握学生思想动态，对大学生的正面培育更能起到事半功倍的效果。另一方面，学校在学生中选择"网络大V"作为培育对象，能够发挥朋辈及周边群体之间的积极影响力，及时传递正能量。作为学生的"网络大V"也需要不断学习以理论知识武装头脑，从而在大学生中起到榜样示范作用，对帮助大学生免受不健康网络文化的侵扰能起到巨大的促进作用。此外，校园"网络大V"

不仅限于对本校学生的引导作用,更需要注重自身对社会其他人的影响,切实履行作为"网络大V"的社会责任。

二是要借助专业学者、人士、队伍的力量,对校园"网络大V"的培养建设工作进行指导。一方面,学校可定期邀请各界专业人士、团队共聚一堂,围绕理论、实践、技术、团队等多方面开展线上线下研讨会、座谈会,指导工作、分享经验、交流做法等,进一步吸纳各方先进新潮思想,学习借鉴优秀经验做法,提升校园"网络大V"的专业度。另一方面,学校可以通过这样的方式及时成立区域性校园"网络大V"媒体联盟,搭建起集宣传展示、理论研究、教育教学、人才培养、科研服务为一体的多功能网络育人平台,为地方乃至全国宣传、育人工作提供智慧支持。

三是校园"网络大V"要强化自身能力,与时俱进,不断学习,常学常新。一方面,"网络大V"本身要坚定理想信念、志存高远,踏踏实实做人,兢兢业业做事,既能在日复一日的辛劳中保持一份坚持,又能在浮躁纷繁的社会里保持一份清醒,面对挑战迎难而上,始终具备乘风破浪、势如破竹的勇气。另一方面,学校可以开展思想政治理论、网络新媒体技术、专业技术技能、团队运营管理、网络热点整合、创新选题策划等方面的培训,为校园"网络大V"顺利有效开展宣传、育人工作持续赋能,同时校园"网络大V"也可以主动参与社会上其他相关内容的培训,进一步提高自身能力水平。

(四)完善体系机制建设,大力推进高校宣传、育人工作勇攀高峰、不断创新

虚拟网络最大的特点就是自由。起初网友们在发表个人言论时由于网络的匿名性会毫无顾忌,在各类平台上畅所欲言地发声、评论、交流,不管是对事实的客观阐述、深入挖掘还是主观臆断等都极易偏离国家主流意识形态的要求,造成网络暴力事件、网络诈骗事件、网络敛财行为等,在社会上、校园里营造了不良的网络风气。因此,要完善校园"网络大V"体系机制建设,大力推进高校宣传、育人工作勇攀高峰、不断创新。一方面,国家相关部门需要针对当前网络社会发展的现状,完善相关法规政策,进一步强化对网络社会的管理力度,最近,抖音、微博等平台可以查看用户归属地及所属平台就是一个很好的举措,进一步提升了网络文明度,让"暗箭伤人"的"键盘侠""幕后黑手"无所遁形,为校园"网络大V"的成长,高校宣传、育人工作健康发展保驾护航。另一方面,校园"网络大V"会利用自身的优势如高校的影响力、积极发声的话语权等,对政府相关部门的政策决议进行积极传达,把社会舆论往正确的方向引导。相关部门要完善沟通参与机制,

主动邀请散发正能量的官方知名"博主""网络大V"入校与其交流沟通，达成共识，聘请他们成为校园特邀网络评论员、管理员，使他们参与到校园"网络大V"的工作中来，营造风清气正的网络氛围。另外，校园"网络大V"的遴选培养可以参照前文所提到的，在具有深厚理论知识、专业素养的教师队伍、优秀学生中遴选，以保证运营管理的政治性和专业性。此外，地方政府及高校本身要强化激励措施，激发校园"网络大V"创作活力。如设立最具影响力新媒体、优秀新媒体作品、校园最受欢迎UP主等奖项，对优秀校园"网络大V"进行表彰，增强"网络大V"的认同感和自豪感；根据校园"网络大V"创造作品被校外媒体采用的情况，按照中央级、省部级、市厅级分级设置稿费奖励，增强他们的荣誉感、获得感和满足感。

（五）推动改革创新建设，大力宣传报道优秀校园"网络大V"先进事迹

改革创新培养模式，以点带面，以校园"网络大V"启发万千学子，下一个校园"网络大V"就可能在这样耳濡目染的良好环境中快速成长起来。校园"网络大V"要积极响应国家和社会号召，深入基层，开展各项公益服务活动，积极传播报道青年学子发奋图强、爱岗敬业、见义勇为等事迹，大力宣传美丽乡村，为校园对口帮扶村寨直播带货农副产品，为助力乡村振兴做出自己的贡献。榜样的力量是无穷的，学校要及时对本校"网络大V"先进事迹进行有效宣传。校园"网络大V"要以身作则，以自身实实在在的行为引导大学生的实际行动，促进青年学子将其行为与社会主义核心价值观相结合，用理性信念来指引未来，以正确的榜样来指导实践，也为下一批新生代"网络大V"培养储备人才，此举也会营造健康和谐良好的高校网络氛围。

三、结语

校园"网络大V"的作用不止于此，在新时代背景下，高校宣传、育人工作至关重要，高校应充分挖掘培育建设一批正向校园"网络大V"，并从资金、人员、培训等方面进行指导和支持，协助其进行突破创新，真正建设出高质量、高标准、优品质的校园"网络大V"，从而提高高校宣传、育人工作的实效，为其可持续发展提供坚实保障。

第二篇 02
实践育人

高校思想政治理论课"讲好故事"策略建构[*]

摘　要：讲故事既是一种叙事方法，也是一种教学手段。"讲好故事"是创新思想政治理论课教学形式和提高教学效果的必然要求。在思想政治理论课中需要优化策略"讲好故事"，即回答好"讲什么样的故事""谁来讲故事""怎样讲故事"的问题。本文从重点议题的设置、关键主体的选择、实践路径的优化三个角度探讨思政课"讲好故事"的策略建构问题，对强化大学生的理论认识、提高政治觉悟、加强实践引导具有重要作用。

关键词：思想政治理论课；讲好故事；策略建构

思想政治理论课（以下简称思政课）是落实立德树人根本任务、培养合格社会主义建设者和可靠接班人的关键课程，是对大学生进行思想政治教育的主渠道。党和国家历年来高度重视思政课，多次出台指导意见加强高校思政课课程建设，推动高校思政课教学改革创新，教学效果取得明显成效。触及心灵的教育才是成功的教育。"讲故事"作为叙事教学法的核心环节，对于提高思政课教学效果、推动思政课"走心入脑"发挥着不可替代的重要作用。2019年3月18日，习近平总书记在学校思想政治理论课教师座谈会上指出："让学生接受马克思主义，离不开必要的灌输，但这不等于搞填鸭式的'硬灌输'。要注重启发式教育，引导学生发现问题、分析问题、思考问题，在不断启发中让学生水到渠成得出结论。这里面，会讲故事、讲好故事十分重要，思政课就要讲好中华民族的故事、中国共产党的故事、中华人民共和国的故事、中国特色社会主义的故事、改革开放的故事，特别是要讲好新时代的故事。"同年8月，中共中央办公厅、国务院办公厅印发的《关于深化新时代学校思想政治理论课改革创新的若干意见》中明确指出，要"不断增强思政课

---

[*] 本文作者：彭逸燮，贵州轻工职业技术学院思政教师；李五祥，贵州轻工职业技术学院建筑工程系党总支书记。

思想性、理论性和亲和力、针对性"。

可见，在高校思政课教学过程中，通过"讲好故事"可以增强教学内容感染力以达成强化理论阐释、引发情感共鸣、实现价值认同、加强亲身践行的有效统一。目前，通过以故事作为教学起点或教学点缀的叙事教学法已被广泛应用于思政课的教学过程中。如何把握重点选取恰当的故事内容使之符合思政课育人导向、如何选择讲故事的主体使之更具说服力和启发性、如何巧妙设计故事使之在热闹之余富有深度教学意蕴是"讲好故事"的三个核心问题。

一、思想政治理论课"讲好故事"的重点议题

"讲故事"作为思政课的重要教学手段，只有理清"讲什么"才能从战略高度落实立德树人的根本任务，才能让思政课符合学生需求、回答学生疑虑、贴近学生生活。应合理设置故事的议题，将教学中的知识点和故事有机融合，引导学生从感性认识上升到理性认知，从而实现思政课的育人目标。

（一）把握重点讲好恢宏的"历史故事"

唐太宗曾说："以铜为鉴，可以正衣冠；以人为鉴，可以知得失；以史为鉴，可以知兴替。"通过学习历史，我们可以照应现实、远观未来。习近平总书记在党史学习教育动员大会上强调："要抓好青少年学习教育，着力讲好党的故事、革命的故事、英雄的故事，厚植爱党、爱国、爱社会主义情感，让红色基因、革命薪火代代传承。"思政课要深挖历史故事，着重围绕社会主义发展史、中国共产党史、中华人民共和国史、改革开放史，从历史中讲清楚马克思主义为什么行、中国特色社会主义为什么好、中国共产党为什么能。一是从历史故事中感悟马克思主义"行"的思想伟力。理论是实践的先导，实践是检验真理的唯一标准。中国实现从站起来、富起来到强起来的历史飞跃充分证明了马克思主义理论的科学性。所以，要选取充分展示国家经济社会发展、社会面貌发生巨变、人民生活水平变化的故事，通过故事触及事物的本质，阐释马克思主义理论的科学性、思想性、独特性。二是从历史故事中体悟中国特色社会主义"好"的关键密钥。实现中华民族的伟大复兴关键在于道路选择正确、理论体系科学、制度保障严密、文化底蕴深厚。中国之所以在无数次挑战中能够化危为机，关键在于中国特色社会主义道路引导正确航向、中国特色社会主义理论体系指引伟大实践、中国特色社会主义制度提供坚强保证、中国特色社会主义文化注入前进动力。所以，要从中国改革开放40多年的故事、中国创造众多辉煌成就的故事里阐释出中国特色社会主

义的优越性，体悟中国特色社会主义"好"的关键密钥。三是从历史故事中领悟中国共产党"能"的精神密码。时间是最忠实的记录者，也是最伟大的书写者。从嘉兴南湖的小小红船扬帆起航到中国特色社会主义的巍巍巨轮，中国共产党走过的波澜壮阔的一百年，书写了自强不息的中华民族伟大复兴的历史伟剧。要通过讲述中国共产党在新民主主义革命时期浴血奋战、百折不挠，社会主义革命和建设时期自力更生、发奋图强，改革开放和社会主义现代化建设新时期解放思想、锐意进取，到中国特色社会主义新时代自信自强、守正创新的故事，构建出中国共产党带领全国各族人民百年奋斗的生动群像，领悟中国共产党"能"的精神密码。

（二）拓宽视域讲好恢弘的"时代故事"

当今世界处于百年未有之大变局，西方肆意分化中国、抹黑中国的图谋从未停止，意识形态领域面临更加严峻的斗争。"学生经常会把国外的事情同国内的情况联系起来，这一过程就会产生一些疑惑。学生的疑惑就是思政课要讲清楚的重点。"思政课中讲好"时代故事"的关键在于扩宽视域，在国际比较中利用国内外的事实、案例、素材，在比较中回答学生的疑惑，引导学生全面客观认识当代中国、看待外部世界，善于在批判鉴别中明辨是非。要在中外比较中讲好"时代故事"，帮助学生拨开云雾见青天，通过故事启发学生把握和解读好问题的实质。例如，在中西抗疫故事中看中国方案。2020年伴随全球"新冠肺炎疫情"爆发，不仅反映了不同国家不同思想价值观念的分歧和冲突，也反映了不同国家治理能力的差异。在党中央的运筹帷幄下，党政军紧急行动，力挽狂澜，形成全国一盘棋、共克时艰的抗疫画卷。在讲故事的过程中要突出"中国之治"与"西方之乱"的强烈反差，从抗疫故事中彰显我国国家治理能力和水平的不断提升，生动说明中国以优异的答卷向世界共同抗击疫情贡献了"中国方案"。再如，在脱贫攻坚故事中看中国贡献。2020年，中国共产党历经八年之久，打赢了艰苦卓绝的脱贫攻坚战，在现行标准下12.8万个贫困村、832个贫困县、9899万农村贫困人口顺利脱贫。在这场声势浩大的脱贫攻坚战中，中国共产党采取精准施策、靶向治疗，使农村经济实力不断增强、基础设施不断完善、解决了贫困群众看病难、上学难、用电难等问题，创造了人类脱贫史上绝无仅有的历史奇迹。正如习近平总书记所言："综览古今、环顾全球，没有哪一个国家能在这么短的时间内实现几亿人脱贫，这个成绩属于中国，也属于世界。"要通过讲述脱贫攻坚中涌现出来的可歌可泣的榜样人物的故事、贫困人口脱贫致富"圆梦"的故事展现脱贫攻坚的伟大成就，让学生了解中国脱贫攻坚战中全面、立体、真实的故事。

（三）抓住细小讲好生动的"实践故事"

实践是一切认识的来源，"全部的社会生活本质上都是实践的""故事选取、讲评、讨论，甚至是实践等环节，都要立足于让学生回归生活，为理论建立生活关照。生活是理论产生的源泉，也是故事形态的注脚。"中国共产党带领中国人民从积贫积弱走向繁荣富强的伟大历程中历经千山万水，发生了许多感人至深的故事，涌现了许多可歌可泣的人物，取得了许多举世瞩目的成就，为讲好"实践故事"提供了丰富的素材。讲好实践故事，关键要讲好中国人民追梦圆梦的故事、中国共产党治国理政的故事。一要从小事件、小人物入手。通过抓住实实在在的人或事展现一个集体、一个民族、一个国家奋斗成长的故事，以此带动学生融入教学情境，引发讲述者和倾听者的情感共鸣。二要抓住细节。通过对选取的故事中关键人物、环境、情节进行深度描写、剖析，丰富故事中人物的形象和情感，通过跌宕起伏的故事情节和人物的情感变化构建生动的生活情境，使之贴近真实生活，增强倾听者带入感，引发学生产生"共情"。三要适当设置悬念。通过动人心弦的导入、高潮处的戛然而止、意味无穷的终曲技术，引导学生在学习过程中开启思维、丰富想象。

二、思想政治理论课"讲好故事"的关键主体

"讲故事"不是目的，而是将理论知识和人生感悟寓于故事情节中，通过故事传递价值。思想政治理论课"讲好故事"的关键在于"谁来讲"。为此，教学过程中要坚持以专业思政课教师为主体讲述故事、构建师生共同体解构故事、巧用多元主体深描故事的多元主体育人模式。

（一）以专业思政课教师为主体讲述故事

"专业的思政课教师是高校思政课课堂的主导者，掌握着教学的话语权，是讲故事最重要的主体。"专业思政课教师作为对大学生进行思想政治教育的中坚力量，站稳讲台传授理论知识、丰富教学形式讲好故事是其根本的职责。思政教师要具备"讲好故事"的基本素质。思政课教师是一支政治素养过硬、理想信念坚定、理论功底扎实的队伍，要通过运用恰当的肢体语言、生动准确的语言表达以提升故事的感染力，有温度地把政策文字转化为通俗生动的语言，高效地宣传党的政策方针、理论知识。习近平总书记在学校思想政治理论课教师座谈会上讲到他为什么对焦裕禄那么一往情深，原来源于"我的思政课教师在讲焦裕禄的事迹时数度哽咽，一度讲不下去了，捂着眼睛抽泣，

特别是讲到焦裕禄肝癌最严重时把藤椅给顶破了,我听了很受震撼"。可见,思政课教师"讲好故事"对大学生树立正确的人生观、价值观、世界观产生着不可磨灭的影响。

因此,思政课教师在讲故事的过程中不仅要精心地"备故事",还要有情怀地"讲故事"。一方面,"备故事"要注重故事的真实性、启发性、具象性和整体性,最大化地呈现故事的教育意义。另一方面,"讲故事"要讲出故事的思想性、知识性、针对性,引导学生通过故事看事物的本质,从故事中彰显我国制度优势,激发学生爱国情感。

(二)构建师生共同体解构故事

"讲故事"不是教师在唱"独角戏",更不是"台上热闹,台下看戏"。在讲故事的过程中不仅要有教师对于故事的叙述,更要构建师生共同体解构故事中所蕴含的思想问题和现实问题,使学生从中学习理论知识,获取新的人生感悟。解构故事是指"对故事进行向生活真实的还原、打散、延伸,引领大学生从不同角度全面真实地认识故事相关事实、发现不同于问题故事叙事线索的例外事件、理解具体情节与思想理论之间的联系,实现对故事的丰富化理解"。其中需要教师把握几个关键。第一,引导学生多角度分析故事。同一个故事从不同的角度可以得到不同的解读,正所谓"横看成岭侧成峰"。教师要开阔视域引导学生多维度解读故事,从不同解读中收获新的感受,从而形成对故事的立体认识。第二,师生共同挖掘例外事件。故事中也蕴含着一些隐藏信息或故事未曾说明的例外,如何跳出故事看故事,发现故事外的"闪光点",这就要求师生在课堂上要跳出静态固化的视角,在故事的动态发展中挖掘、发现不同于问题故事的事件和情节。从中学生可以有效训练思辨思维,极大提高分析能力和认识能力。第三,启发学生领悟故事意义。引导学生分析故事、发现例外事件的过程也是学生自主探索故事意义的过程。随着学生深入故事、探究故事,即便教师不直接点明故事意义,学生也会逐渐从分析和反思中领悟其中所蕴含的内涵和意义,从而真正达到以故事启迪思想的教学效果。

(三)巧用多元主体深描故事

习近平总书记强调:"要配齐建强思政课专职教师队伍,建设专职为主、专兼结合、数量充足、素质优良的思政课教师队伍。要把统筹推进大中小学思政课一体化建设作为一项重要工程,推动思政课建设内涵式发展。要完善课程体系,解决好各类课程和思政课相互配合的问题,鼓励教学名师到思政课堂上讲课。"

因此，思政课上要巧用多元主体讲好故事，形成校内校外互动的育人模式，发挥不同主体的育人优势，构建大思政育人格局。其一，利用朋辈优势讲好青春的故事。朋辈教育对提升思想政治教育时效性发挥着重要作用，引入朋辈教育有利于发挥优秀青年群体的榜样示范作用。例如，邀请优秀的辅导员、大学生代表进入课堂，结合自身实际经验讲好青春的故事，激励更多的大学生汲取朋辈力量提升自身能力。其二，发挥榜样力量讲好奉献的故事。在社会生活中榜样和道德模范无处不在，无时不有，他们总是燃烧自己奉献社会。可通过邀请身边的榜样走进课堂，发挥榜样的力量讲述奉献的故事，激励大学生对照榜样找差距、找不足、找方向。其三，利用专业优势讲好奋斗的故事。各行业的精英可以结合专业优势，结合各领域的特点讲好奋斗的故事。现今，许多高校积极邀请各领域的专家、精英走进思政课课堂，用更贴近学生的语言、喜闻乐见的形式讲述自身奋斗的故事，激励大学生要有生命不止、奋斗不息的进取精神。

三、思想政治理论课"讲好故事"的实践路径

思想政治理论课要"讲好故事"，关键是要解决"怎么讲"的问题。如果"讲故事"仅仅有物，则失去了温度；仅仅有理，则失去了高度。为此，思想政治理论课要运用鲜活的案例、多元的主体和真切的情感，着力在视角选择、内容构建、话语表达、场域拓展四个层面下功夫，构建出言之有物、言之有理，寓情于理、以理服人的叙事策略，让学生在故事中了解真实、立体、全面的中国。

（一）视角选择："宏""微"结合立体化呈现故事

选择什么样的视角讲故事至关重要，不同的视角可以勾勒出故事不同的形态。其中按照讲故事的视角来看可以大致分为宏大叙事和微观叙事，思政课讲好故事需要"宏""微"结合立体化呈现故事。"宏大叙事是围绕一定的主题，遵循建构逻辑，以整体视野和时间跨度呈现历史和现实内容的故事。"但是，在思政课教学中宏大叙事也有一定的局限性，一方面，因过于注重历史大视角和空间大语境，容易忽视故事中的细节和人物情感变化，不易引起学生情感共鸣，使学生产生疏离感。另一方面，思政课必须坚持学理性，以透彻的学理分析回应学生。讲故事不是目的，而是通过故事表达、论证观点，传递价值。课时的有限容易造成宏大叙事只能勾勒事物的大致轮廓，缺乏分析和论证的过程，容易被贴上"大道理"的标签。而微观叙事则是采用"小切口"描述故事，通过从局部、细节、人物入手，对事件和故事进行深入描

写，是对宏大叙事的有益补充。通过小细节、小事件、小人物达到以微知著、以小见大，精准抓住人物情感变化、事件发展动向以打动听者，引发情感共鸣。正所谓"没有一种抽象的概念，比细节更有说服力；而更多的叙事技巧，也不能比真实情感更能打动人心"。

思政课"讲好故事"既要充分运用宏大叙事的视角，坚持国家教育战略思想，把握教学主题，讲好"中国故事"；同时，要善用微观叙事，通过"小切口"窥见大视野，用贴近学生、贴近生活的故事反映中国共产党带领团结全国各族人民走向新时代波澜壮阔的历程，让故事"走心入脑"。

（二）内容建构：优化教学设计实现知识点与故事的深度整合

讲故事不能"东一榔头，西一锤子，想到哪儿讲到哪儿"。好的故事应是依据整体教学设计安排统筹故事，使故事与故事、故事与知识点有效融合，由浅入深、由点到面、由此及彼，形成一个整体性的教学体系。这就要求教师根据教学内容仔细选择、设计、深描故事，以实现故事与知识点的深度整合。一是把准教学核心"点"。贯彻党的教育方针，实现"立德树人"的根本任务是思政课教学的核心，思政课必须坚持正确的政治导向。思政课教师必须站稳政治立场，注重故事真实性、启发性、整体性、具象性的有效统一，用正确的政治导向引领故事话语的表达。二是合理进行教学设计。教学设计的目的是为了提高教学效率和教学质量，使学生在单位时间内掌握更多的知识点、激发学生学习兴趣、提高学生各方面的能力。教师需要根据课程标准要求和授课对象情况巧妙将故事融入知识点的讲解过程中，讲授的过程中要注重故事与故事之间的逻辑性，使故事之间形成有效的串联，通过"讲故事"把握知识点的整体脉络。例如，"毛泽东思想和中国特色社会主义主义理论体系概论"这门课程，就可以融入党史各个时期的小故事，通过故事的串联使学生把握党百年历史的整体脉络，从而强化对知识点的记忆和理解。三是巧妙设计故事结构。要加深学生对于知识点与故事的理解，找到知识点与故事的连接点，必须要巧妙设计故事结构，将"故事"润物无声地融入知识点的讲解过程。这就要充分考虑作者创作故事时可能隐含的意图，对影响故事结构的因素进行追溯，进一步挖掘故事传递的价值与知识点的契合度。

（三）话语表达：情理兼具提高话语的认同感

话语表达对讲好故事具有极其重要的作用，话语内容时代化、大众化、生活化，话语形式具有吸引力和情境性能极大提高话语客体的认同感。"高校思想课的功能和属性，决定其教学活动既要有解释力，又要有亲和力；既要体现学理性，又要体现感染性。"因此，要用学生的语言、灵活的表达让学生听得懂、听得进、喜欢听。其中，最重要的是处理好"情"和"理"的关系。"情"和"理"是讲故事的过程中所蕴含的两个关键要素，两者具有必然的联系。一方面，"情"是教师在"讲故事"时的一种心理状态，包含着教师对于故事内容的情感态度、心理倾向，声情并茂地讲故事不仅能够最大程度地展现故事跌宕起伏的情节，塑造情感饱满的人物形象，增强故事的吸引力，同时，也能极大提高思政课的亲和力、感染力，增强学生的信任感。另一方面，"理"是教师通过"讲故事"的方法将知识理论、价值理念传递给学生，以提升学生的理论素养和思辨能力。可见，"情"与"理"都是"讲故事"教学过程中的关键要素，二者功能虽然不同，但互为补充，缺一不可。因此，"讲好故事"需要"动之以情，晓之以理"，把握好"情"与"理"的辩证关系，力求做到情中有理，理中有情，情理兼具，充分达到思政课言事启智的教学目的。

（四）场域拓展：延伸教学场域巩固教学效果

在充分利用好课堂主渠道"讲好故事"的同时，根据教学内容和课堂教学的需要拓宽场域，积极开展实践教学以提升教学效果，实现课上课下、校内校外、线上线下的联动教学。一是利用周边红色资源"讲好故事"。思政课不仅是理论知识层面的教育，更应该是理论与实践相结合的教育，是知行相长、学以致用的教育。在全国各地分布着大量的红色资源，包括革命遗址遗迹、纪念馆、文化研究院等实践基地。"讲故事"不能仅仅禁锢于课堂，更应该让学生走出课堂，通过在红色基地参观学习形成对故事新的理解，在实践中陶冶情操、修养品性，寓教于学、寓学于趣。比如，贵州高校可以利用好周边的红色资源，在讲红军长征的故事时可以组织学生参观遵义会议纪念馆，让学生在情景交融中感悟"长征精神"。二是利用学生实践活动"讲好故事"。通过开展校内实践活动让学生参与选择故事、解构故事、重构故事的整个过程，将学生的"学"转换在探究与体验的实践活动中。比如，开展红色情景剧、演讲比赛、辩论赛等活动，学生在自编自演的过程中必然会查阅相关资料和书本知识，更深度地研究故事背景、探究其价值内涵，大大提高学习的主动性和创造性。三是利用网络学习资源"讲好故事"。"只有赢得互联网，才能赢得青年；只有过好网络关，才能过好时代关。"网络学习资源是课堂学习的有益补充，利用好网络可以获取最具代表性和前沿的理论热点知识。例如，学习强国、学习通、慕课等网络教学平台资源，可以不受时空和地域的限制查阅"故事"的背景资料、相关联的其他信息，极大延伸了教学空间，实现了"线下教学"与"线上教学"的同频共振。

参考文献：

[1] 习近平．思政课是落实立德树人根本任务的关键课程［J］．求是，2020（17）．

[2] 中共中央办公厅，国务院办公厅．关于深化新时代学校思想政治理论课改革创新的若干意见［N］．中国教育报，2019-8-15（1）．

[3] 习近平．在全国脱贫攻坚总结表彰大会上的讲话［N］．人民日报，2021-2-26（2）．

[4] 付洪，栾淳钰．培养时代新人的叙事路径探析［J］．马克思主义理论学科研究，2019，5（4）．

[5] 余德华，廖梦雅，邱开玉．讲好故事：高校思想政治理论课话语创新的实践探析［J］．思想教育研究，2020（6）．

[6] 潘莉，欧阳菁菁．高校思想政治理论课叙事教学法内涵、过程及实施策略［J］．学校党建与思想政治教育，2017（19）．

[7] 习近平．用新时代中国特色社会主义思想铸魂育人 贯彻党的教育方针落实立德树人根本任务［N］．人民日报，2019-3-19（1）．

[8] 杨葵．思想政治理论课讲好脱贫攻坚故事的着力点［J］．思想政治教育导刊，2021（10）．

[9] 韩玲，李正兴．高校思想政治理论课教师如何讲好"红色故事"［J］．思想政治教育导刊，2017（2）．

[10] 李明．有的放矢：切实加强大学生思政获得感［N］．人民日报，2019-1-25（9）．

打造贵州轻工职业技术学院思想政治理论课"初心课堂"育人品牌*

摘　要：实践教学将成为高职院校思想政治理论课（以下简称思政课）的一个重要部分，为增强其实效性、吸引力和感染力，必须结合高职教育实际，加强思政课实践教学的准备阶段、实施阶段、诊改阶段等环节。本文以我校在"毛泽东思想和中国特色社会主义理论体系概论"课程中已组织近万名师生参与的"初心课堂"实践活动为例，探索高职思政课实践教学新模式。

关键词：高职院校；思想政治理论课；实践教学

根据中共中央、国务院发生的《关于进一步加强和改进大学生思想政治教育的意见》，中共中央宣传部、教育部发生的《关于进一步加强和改进高等学校思想政治理论课的意见》以及教育部关于印发的《高等学校思想政治理论课建设标准（2021年本）》的通知要求，高校思想政治理论课所有课程都须加强实践教学相关环节。习近平总书记在在湖南考察时强调，要把课堂教学和实践教学有机结合起来，充分运用丰富的历史文化资源，紧密联系中国共产党和中国人民的奋斗历程，深刻领悟马克思主义中国化的内在道理，深刻领悟为什么历史和人民选择了中国共产党和社会主义，进一步坚定"四个自信"。近年来，贵州轻工职业技术学院马克思主义教学部不断积极探索思想政治理论课实践教学的新思路，开辟了适合职业教育特点、形式多样的思政理论课实践教学模式。

一、"初心课堂"实施方式与过程

贵州轻工职业技术学院马克思主义教学部根据高职院校学生特点，联系

---

* 本文作者：杨梓涵，贵州轻工职业技术学院马克思主义教学部副主任；周立巍，贵州轻工职业技术学院马克思主义教学部工作人员。

课本内容与学生思想实际,在"毛泽东思想和中国特色社会主义理论体系概论"课程(以下简称"概论"课)中精心组织开展了"初心课堂"实践教学活动。自 2021 年 3 月,以"忆红色文化 守初心使命"和"初心薪火相传 使命勇担在肩"为主题开展了百年党史、毛泽东作品赏析、红色家书诵读、老照片的故事、述说"中国梦"等系列活动。通过集体备课,"概论"课教师结合教学相关内容,如将《毛泽东思想》相关章节对应毛泽东作品赏析实践活动体悟伟人思想,清明节前后对应红色家书缅怀先烈,改革开放和现代化建设相关章节以"老照片的故事"为主题感受我国现代化建设成就,习近平新时代中国特色社会主义理论章节以述说"中国梦"为主题激发青年感恩奋进。2020 级、2021 级已累计万余名高职生参与了此项实践活动,他们围绕主题,以朗诵、演讲、演唱、短视频、书法等形式诠释他们对理论、历史事件、英雄人物、社会时事的观点见解。马克思主义教学部在活动中通过集体备课,制订能够有效实施的总方案和子方案,并做好保障工作、经验总结和成果展演,打造"初心课堂"实践教学轻工品牌。教师通过合理组织教学安排,在实践教学开展之前组织学生填写活动报名表,提前了解学生计划展示的主题、内容和方式,在调动学生兴趣增强思想政治理论课的互动性和学生的参与度的同时激发学生的求知欲,对学生的选题和展示进行过程管理与动态指导,体现着主导性和主体性相统一,不仅使课堂实践教学理论意蕴更加丰富,同时构建了师生间良好的互动关系,增加了师生情谊。

二、"初心课堂"实践活动取得的成效

思政课教学最终要落实到实践中去,并在实践中检验教学效果,"概论"课程+"初心课堂"实践活动的教学模式真正做到了理论联系实际。实践证明,"初心课堂"实践教学符合高职学生学习特点和思想实际,具有较强的创新性和独特性,受到学院领导的高度评价和充分肯定,得到了各方好评。尤其是 2022 年我们结合课程内容,创新将"初心课堂"专题活动作为课程内容的延伸,将抽象的理论学习具体化和生动化,促进理论与高职学生实践的有机结合,打造"理论课堂"+"实践课堂"融会贯通的教学模式,符合了知行合一的思政课教学规律,提高了学生的主动性和参与度,丰富了教学内涵,活跃了课堂气氛,使教学质量与效果显著提高。

三、"概论"课程"初心课堂"实践活动教学模式的构建

"毛泽东思想和中国特色社会主义理论体系概论"课程是一门理论性比较

强的公共基础课，因此作为高职院校的思政课教师要特别注重结合高职学生学习特点，因材施教合理设计安排实践教学环节，也需要针对实践教学的准备阶段、实施阶段、诊改阶段的不同目的，精心设计实践教学方案和诊改机制。每个阶段都必须体现动态性，根据教学效果不断调整实践活动。

（一）实践教学的准备阶段：从课程内容出发，了解学生所见所闻所想，设计实践教学方案，吸引学生参与实践教学活动

在实践教学的准备阶段，既要明确实践教学是为了让学生更好地学习理论知识，故而须从课程内容中引出实践教学主题，又要在如何吸引学生积极参与实践课堂上下功夫，了解学生的兴趣点，同时考虑到各专业学生的特点，设计出符合其心理特征和专业特点的实践教学方案。例如，在第九章坚持和发展中国特色社会主义的总任务章节中，我们引入了"老照片的故事"主题实践活动，引导学生通过寻找和挖掘身边一张老照片的故事，探寻在中国共产党领导下，国家、民族、家乡、城市等发生的变化，感受"初心"，牢记"使命"，树立强国有我的信念和志向。学生分组对小组中选出的照片进行阐述、演绎照片背后的故事，或去到照片的拍摄地拍摄新的短视频进行展示。学生们的选题范围涵盖了社会的方方面面，有结合专业，有分享人生经历，有展示家乡变化，学生们都积极参与活动，课堂气氛活跃。因此，符合高职学生学习特点，抓住不同专业学生的兴趣点是做好实践教学的基础。

（二）实践教学的实施阶段：教师要实时跟进学生开展实践活动的各个阶段，有针对性地进行指导和管理，确保活动顺利实施

实践教学的主体是学生，是以学生自主活动、自主学习、自主实践和自主探究为主体的教学活动。教师在其中同样也发挥着主导作用，是保证实践教学完整性、思想的正确性、升华情感的必不可少的关键环节。"初心课堂"的目标为构建师生共同参与，是探求新知、共享成果的一种动态课堂。例如，由于高职学生的知识积累相对薄弱，他们对一些知识来源的筛选能力不足，教师会在学生的报名表中发现一些不准确的知识，这就需要教师一对一地进行指导，引导学生正确判断网络上的各种信息，使用权威网站，用马克思主义的观点看待问题。

（三）实践教学的诊改阶段：健全课程诊改机制，建立"初心课堂"动态案例资源库

要将"初心课堂"实践教学活动效果诊改纳入"毛泽东思想和中国特色社会主义理论体系概论"课程诊改工作中去，并将其作为一个重要环节，不断地反思诊改。"初心课堂"实践教学活动总方案和子方案必须根据每一学年

的实际情况进行动态修订。要将年度优秀学生案例进行收集整理,从其中选择优秀案例,将其融入课程教学中去,从学生中来到学生中去,用学生感兴趣的案例讲给学生听。

"初心课堂"实践教学活动需要以学生为主体,要根据学生的兴趣和实际情况,对思政课的实践教学方案进行动态调整,从而促进实践教学的规范开展,有效保证思政课实践教学的质量和教学效果。我们摸索到了一种形式多样、灵活方便,符合现实情况和"概论"课特点的实践教学模式,尽管还存在许多的不成熟和不完善,甚至有值得商榷的地方,但也希望为高校思政课的实践教学改革尽心尽力、添砖加瓦、提供借鉴。

参考文献:

[1] 刘平.思政课实现"知行合一"教育目标——平顶山工业职业技术学院思政课实践教学创新案例[J].现代交际,2014,(9).

[2] 江毅."毛泽东思想和中国特色社会主义理论体系概论"课实践教学案例的设计与运用[J].思想理论教育导刊,2014(7).

把贵州红色基因融入文化与旅游系育人全过程*

摘　要：贵州拥有丰富的红色文化资源，如何有效地利用得天独厚的文化优势，将红色文化资源融入课堂、融入学术研究、融入社会实践、融入校园文化、融入网络成为目前贵州思政教育面临的新问题。本文针对此问题进行文化育人实践探讨，赓续红色基因，讲好贵州故事。

关键词：贵州；红色；育人

贵州，是中国革命由挫折走向胜利的转折之地，形成了以长征文化为代表，包括抗日战争文化、革命前辈足迹等在内的丰富的红色文化。习近平总书记在贵州视察时曾指出，贵州有着光荣的革命传统，要充分利用这些红色资源。贵州轻工职业技术学院紧扣立德树人根本任务，打造"传承红色·魅力青春"主题活动月，文化与旅游系将思想政治教育与校园文化建设相融合、将理论教育与实践育人相融合，以贵州革命文化引领为主线，以红色文化育人为主题，实施"铸魂育人·革命文化工程"，形成了"五位一体"红色文化育人特色模式，贯穿"三全育人"体系，赓续贵州的红色基因，讲好贵州的红色故事，弘扬贵州红色文化和精神。

一、红色文化融入课堂，充实思政教育新内容

梳理贵州革命中的英雄人物事迹和革命故事，将贵州红色文化转化为专题化、故事化的课程教学资源，融入思政课程和专业课程。一方面，把这些思政资源以图片、影音等多种形式融入思想政治理论课；另一方面，将这些思政元素资源融入专业课程，把长征文化元素融入课堂教学，建设了14门课程思政示范课，增强专业课的思政内涵，在红色案例故事与情境中深化对理论的认知，推动思想政治教育"落地生根、开花结果"。

---

* 本文作者：欧凤娟，贵州轻工职业技术学院文化与旅游系（基础教学部）党总支副书记。

二、红色文化融入学术研究，搭建思政教育新平台

将红色文化融入学术科研，举办以"红色文化"为主要内容的学术讲座，进一步挖掘贵州红色文化内涵，指导大学生开展以贵州红色文化为研究内容的创新创业项目。我系学生作品《真理之光——一盏马灯的故事》《遵义会议永放光芒 百年恰是风华正茂》《当代大学生回顾共产党辗转转折之城——遵义如何传承和弘扬遵义会议精神之红色研学旅游》在第十七届"挑战杯"贵州省大学生课外学术科技作品中斩获佳绩；《贵州桐梓国家级旅游度假区可行性研究报告》和《当代大学生回顾共产党辗转转折之城——遵义如何传承和弘扬遵义会议精神之红色研学旅游》在贵州省职业技能大赛创新创效竞赛中获得三等奖。

三、红色文化融入社会实践，创新思政教育新方法

在实践中传承革命文化，通过"校内校外结合、学习理论和实地参观结合"的方式，把红色文化教育实践基地作为思政教育的延伸，利用课余时间、节假日或者寒暑假，组织学生重温贵州红色历史，开展"红色之旅"参观遵义会议会址、探访老党员老红军、烈士陵园祭扫活动等，通过情境式、体验式的实践活动，激发学生对贵州红色文化的浓厚兴趣，使革命文化精神根植于学生血液，切实实现红色文化"入心入行"。

四、红色文化融入校园文化，拓宽思政教育新载体

组建红色宣讲团，开展"学党史讲党史·悟初心谱新篇——百生讲坛"优秀主讲人比赛，选拔优秀学生、辅导员宣讲团党史故事、党的十九届六中全会精神等30余场。通过持续开展"百年风雨 声声向党"主题配音大赛、贵州省内百条红色路线我来讲——红色讲解员比赛、"强国有我"党史答题活动、"百年党史永流传·党史故事我来讲"微宣讲、纪念五四运动102周年演讲比赛、红色剧目影视作品展播等活动，在文艺创作和表演的过程中探寻贵州红色文化资源，促进贵州红色文化的传承与弘扬，形成有贵州红色文化特色的文化育人氛围。

五、红色文化融入网络，凝聚思政教育新特色

根据学生的成长特点与需求，推动"互联网+红色文化"成为贵州红色文

化融入大学生思政教育的新优势。一是搭建红色文化网络育人阵地。开通"最美文旅"党史学习宣传的抖音账号,借助新媒体优势,依托红色文化资源,深入挖掘贵州的红色故事和革命精神,加大对红色历史、红色遗址的宣传,利用融媒体的立体传播优势,提升宣传教育效果。二是鼓励引导教师党员深挖红色文化优势资源创作微党课,组织学生党员拍摄红色景点导游讲解短视频,开发图文、视频相结合的红色文化"云课堂",有感情、有责任、有底气地不断提升讲好贵州红色故事的能力。通过网络促进红色文化进校园,使网络成为弘扬贵州红色文化的主阵地。

百年恰是风华正茂,红色作为中国共产党的象征色,在历史的洪流中越发闪耀。贵州红色文化资源内涵丰富,形式多样。文化与旅游系将继续加大对贵州红色文化资源的研究,持续推进贵州红色文化资源融入育人全过程,形成以贵州红色文化教育引领大学生成长成才的良好局面,引导学生把爱国情、强国志、报国行融入实现中华民族伟大复兴的中国梦之中。

高职土建类专业学生软能力培养路径探索与实践[*]

摘　要：高职土建类专业学生不仅要培养专业知识和专业技能等硬能力，更要培养学生的自学能力、组织协调能力、团队合作精神等软能力。且伴随学生毕业时间的增长，软能力更加凸显其重要性，贵州轻工职业技术学院建筑工程系以课程体系构建、教学方法改革、考核模式改革为抓手，逐步推进高职土建类专业学生软硬能力的融合培养，取得较好实效。

关键词：软能力；融合培养；探索实践

一、土建类专业人才培养现状

贵州轻工职业技术学院高职土建类专业自 2015 年开始，已陆续有多届毕业生，经走访调研，多数毕业生认为在学院仅学到了专业知识和专业技能，即硬能力，其他方面的软能力的培养有所欠缺，对于学生今后的发展空间起到了无形的限制作用。为此，建筑工程系教学科研管理科组织各专业教研室进行了高职土建类专业教育理念和教育思想的大讨论，并达成共识，即在专业课教学过程中要实现对学生软硬能力的融合培养。

二、软能力课程体系构建

贵州轻工职业技术学院高职土建类专业原有课程体系以专业必修课为主，学生可选择空间小，不利于培养学生的个性及软能力。经论证，现有课程体系由必修课和选修课两部分构成，原来的总课时不变，通过资源整合和课程改革在保证教学质量的基础上对原有专业必修课进行解构、重构，压缩专业必修课课时，大量开设培养学生专业素质和提升学生人文素养的选修课。让

---

[*] 本文作者：李世海，贵州轻工职业技术学院建筑工程系副主任；周前兵，贵州轻工职业技术学院建筑工程系教学管理科科长。

学生有课可选，根据自身的兴趣爱好选择相应学习课程，培养个性，实现学生从"被动学习"向"主动学习"、从"要我学"向"我要学"的转化。

另外，根据贵州地方文化实际，开设特色课程。如针对贵州地方民族特色，开设"贵州少数民族建筑"公选课，选取富有特色的贵州本地苗寨、侗寨、吊脚楼、石板房、鼓楼等建筑进行讲解，公选课不在于学习施工技术，关键在于使同学们通过对贵州少数民族特色建筑的了解，增强人文素养，了解民族文化，在授课过程中，老师也已成为传承中华优秀传统文化的传播者，落实"立德树人"的根本任务。

三、专业课程教学过程中的软能力培养

贵州轻工职业技术学院建筑工程系为实现将高职土建类学生软能力的培养植入专业教学过程，先后做了大量的探索与实践，目前已形成了一套相对较完善和成熟的做法，其过程如下：

（一）分组固定座位

采取随机分组方式，每8个同学为一个团队，分组后不得随意调整座位，若有教室变动情况，8个同学也必须前后两排坐到一起。每个团队由队员推荐一名队长，队长组织队员共同拟定队名、口号，牵头进行团队建设，凡小队成员有迟到、旷课、违反课堂纪律等情况，其他团队成员要负连带责任。以此培养学生团队意识。

（二）课前学习

各教研室组织专业课教师把每一门专业课程进行重构，每一门课程由30~40个学习任务构成，每堂课由授课教师进行引导监督，完成2~3个学习活动或学习任务，课前老师指定学生自学内容，由队长牵头组织自习，小队成员撰写学习心得，下次上课时老师从每个小队中随机抽取一名同学检验学习效果。以此培养学生自学能力。

（三）课中讨论

老师根据了解的学生自学情况，布置课中讨论任务，提出讨论要求和讨论时间，引导学生开展课中讨论；每个小队由队长牵头组织讨论，团队成员依次发言凝聚共识，每个团队选择一名成员进行专门的记录，讨论结束后，由团队发言人上台汇报团队讨论过程和讨论结果（团队成员必须轮换发言），讨论记录上交授课教师进行存档考核。以此培养学生组织协调能力、语言沟通能力、分析并解决工程实际问题的能力。

（四）课后总结反思

课后每个团队进行课后讨论，反思课中存在的不足，拟定需要改进的意见，写出较完善的课堂总结并上交授课教师进行存档考核。以此培养学生一丝不苟的工作作风、开拓创新的职业精神和良好的工程职业道德。

四、成效与反响

贵州轻工职业技术学院建筑工程系通过对高职土建类专业学生软实力培养路径的探索与实践，效果良好，建筑工程系课堂氛围已发生质的变化，完全颠覆了以往老师讲、学生听的常规教学模式，极大提升了学生学习兴趣。每个同学每天有任务，每天有目标，将软能力的培养融入硬能力的培养过程中，极大增强了学生学习获得感，大大提高了土建类专业学生人才培养质量，为学生实现更好的就业，以及就业后职业生涯更好地发展铺平了道路。

五、结语

学生所具备的软能力是打造学院软实力的基石，贵州轻工职业技术学院建筑工程系对土建类专业学生软能力培养的探索与实践加快了学院一系一品"质量建工"文化品牌建设进程，同时对学院全面提升内涵建设做出了积极贡献。

为了更好实现土建类专业学生软硬能力的融合培养，根据已探索和实践出来的相对成熟的上述教学模式，需要专业课程授课教师把课程内容进行解构、重构，分解学习任务及拟定讨论题目，任课教师必须要有极高的专业能力、工程实践应用能力、对课堂的引导把控能力。目前此教学模式在建筑工程系校内教师中已得到全面推广应用，但外聘兼职教师所授课程由于受到各方面因素的影响，此教学模式暂时未得到全面推广应用，今后我们将进一步加大调研力度，及时了解学院高职土建类毕业生的现状，了解企业用人需求，培养符合社会需要和适应区域经济发展的复合型技术技能人才。

参考文献：

[1] 陈盛兴．关于大学生软能力培养的调研报告［J］．科技咨询（科技·管理），2017（7）．

[2] 郭芙蓉，郑丽．高职院校软能力培养探究［J］．当代教育实践与教学研究，2016（12）．

红色文化融入高职院校思政课教学实践探究[*]
——以贵州轻工职业技术学院为例

摘　要：习近平总书记在学校思想政治理论课教师座谈会上指出："我们党带领人民在革命、建设、改革过程中锻造的革命文化和社会主义先进文化，为思政课建设提供了深厚力量。"思政课作为高校落实立德树人根本任务的关键课程，肩负着培养学生高尚思想道德修养和正确价值观的重任，贵州轻工职业技术学院将红色文化资源有效融入思想政治理论课教学各环节，使青年学子真切感受到红色文化的魅力，从而更好地肩负起新时代赋予的责任和历史使命，努力成为担当民族复兴大任的时代新人。

关键词：红色文化；高职院校；思想政治理论课

红色文化就是中华民族几千年来形成的博大精深的优秀传统文化，是我们党带领人民在革命、建设、改革过程中锻造的革命文化和社会主义先进文化。红色文化作为中华民族的宝贵精神财富，也是思政育人的重要精神瑰宝。近年来，贵州轻工职业技术学院（以下简称贵州轻工职院）在思政课教学实践中，把握理论性和实践性相统一、主体性和主导性相统一、显性教育和隐性教育相统一的原则，充分运用红色资源，多措并举地推动红色文化与思政课的有效融合，大大增强了思政课的思想性、理论性和亲和力、针对性。

一、内容为王：立足课堂教学，拓展思政课教学中的红色文化资源

考察教学质量的因素是多方面的，但是从教育的本质着手，教学内容始终是教育教学的核心。在高职院校思政课教学中，红色文化是十分宝贵的教学资源。贵州轻工职院通过创新教学方式，充分挖掘红色文化资源，有的放

---

[*] 本文作者：邹丽，贵州轻工职业技术学院马克思主义教学部综合管理科科长；吴瑶，贵州轻工职业技术学院马克思主义教学部工作人员。

矢地与教材内容有机融合，如在"思想道德与法治"中融入了伟大建党精神系列人物故事分享、在"毛泽东思想和中国特色社会主义理论体系概论"中融入四史专题学习及唱一首红歌一部历史等内容，不仅使思政课的理论例证更有说服力，也唤起广大学生的情感共鸣，进而提升了我院思政课教学实效性。2021年，我院选送的学生作品《"百年恰风华，世纪正青春"——中国共产党的领导地位是历史和人民的选择》获2021年贵州省高校大学生讲思政课公开展示活动一等奖及全国优秀奖。

二、VR赋能：打造以本地红色文化资源为主的虚拟仿真思政实践实训基地

贵州红色资源丰富，是中央红军长征途中活动时间最长、活动区域最广、发生重大事件最多的省份，全省88个县（市、区）中有68个留下了红军长征的光辉足迹。革命遗址和红色遗存星罗棋布，长征精神和遵义会议精神集中体现了党和红军的优良传统和作风，是中国共产党人世界观、人生观和价值观的全面展示。为了深入推进以长征精神和遵义会议为代表的本地红色文化资源与思政课教学的有机融入，充分挖掘遵义会议精神、长征精神等在贵州各地的红色资源，搭建红色文化实践育人平台，推进思政课实践教学模式创新，贵州轻工职院2021年启动建设VR虚拟仿真思政实践实训基地项目，项目内包含遵义会议资源体验系统、巧渡金沙江体验系统等10余个交互式资源及红色精神、第五次反围剿、长征胜利等60余个互动资源。通过将沉浸式虚拟仿真技术应用于思政课沉浸式教学，为大学生提供了足不出户参观学习的机会，这样的信息化技术学习方式不仅符合新时代高职学生的学情特点，更能保证其健康安全。目前我院VR虚拟仿真思政实践实训基地能够满足30至60人思政教学班的授课需要，为学生提供参与革命斗争的真实体验，在沉浸中感受革命先辈的斗争精神，有利于增强学生对中国共产党带领中国人民不断探索中国特色社会主义道路的史诗般的历史进程的感性认识，坚定对马克思主义的信仰，坚定对社会主义和共产主义的信念，坚定对实现中华民族伟大复兴中国梦的信心。

三、载体依托：创新红色文化育人载体，构建"线上+线下"融合的党史宣讲模式

为了创新红色文化育人载体，用红色文化凝心铸魂，推动党史学习走实走深，在中国共产党建党百年之际，充分发挥思政课在进行以党史教育为重

点的"四史"教育中的主渠道作用,贵州轻工职院组建了思政教师党史教育宣讲团,针对全体学生及思政课教师,积极创新载体,打造线上、线下相结合的党史宣讲全覆盖模式。

(一)以优秀思想政治理论课教师为主体,以学习通教学辅助平台为依托,贵州轻工职院建设了以遵义会议为核心的"党史贵州"系列在线宣讲微课 12 个。

按照红军在贵州行军路线图,以挖掘发生在贵州大地上的红色故事为建设思路,选取了包括黎平会议、猴场会议、强渡乌江、遵义会议、娄山关战役、苟坝会议等在内的 12 个具有重大历史意义的关键节点或革命英雄事迹,打造了具有贵州轻工特色的"党史贵州"系列在线课程资源,寓教于"网",将红色教育资源作为学生线上必修内容。

(二)积极推选优秀思政课教师参加学院优秀宣讲员线下展示活动

2021 年笔者作为贵州轻工职院推荐的优秀宣讲员,通过课堂、讲座、录制宣讲视频等形式面向在校学生,主讲《弘扬伟大抗美援朝精神·绘就贵州奋斗青年群像》主题党史宣讲 5 场,并有幸代表省委教育工委参加贵州省党史学习教育基层优秀宣讲员风采展示活动获三等奖、优胜奖,推动了党史学习教育落到实处、推向纵深、亮出新意。

(三)积极邀请行业内名师大家,开展"不忘初心跟党走,立志成才报党恩"党史教育系列线下宣讲活动

为了讲好红色故事,传承红色基因,教育引导全体师生坚定不移听党话、跟党走,贵州轻工职院邀请了来自贵州师范大学、贵州财经大学、贵州医科大学等院校的六名专家学者,面向全校学生及思政课教师做了《中国共产党百年历史成就及启示》《共产党人的革命精神谱系》《中国革命的新道路》《在学习"四史"中深化社会主义基本认识》《让信仰之光照耀我们前进的道路》《中国共产党——全民族抗战取得胜利的中流砥柱》等内容的共计 11 场次专题线下宣讲活动,宣讲直接受众超过 5000 人次,党史学习教育与思政课程组合发力,有效推进党史学习教育入脑入心。

四、模式创新:深化红色文化融入思政课实践教学,创新打造红色文化教育实践品牌

为增强红色文化融入思政课的教学实效,贵州轻工职院立足思政课堂,优化教学设计,在 2020 级、2021 级"毛泽东思想和中国特色社会主义理论体系概论"课程中,通过先试点后打造品牌的模式,创新打造红色文化主题体

验式实践教学模式。

（一）试点阶段

通过组织全体思政课教师开展集体备课，集思广益，针对传统的调研报告式思政课实践模式进行充分研讨，决定对学生反映的理论性较强、教学模式较单一的"毛泽东思想和中国特色社会主义理论体系概论"课程进行整体教学设计，采取立足课堂、创新模式的形式，在2020级"毛泽东思想和中国特色社会主义理论体系概论"课程中增设实践教学周，试点开展了4课时的"初心课堂"实践教学活动。2020级5000余名学生全员参与，共完成红色文化主题的演讲、情景剧展示、话剧、PPT演示等形式的实践作品700余件，并推荐了《五四爱国运动》《南陈北李相约建党》《八女投江》三个优秀作品在学院2021年5月"喜迎建党百年"铸魂育人思政文化活动周进行实践教学成果展示。实践活动的试点得到了广大师生的高度肯定，同时还得到《中国教育报》和天眼新闻公开报道，极大激发了学生学习思政课的积极性和主动性，让思政教育真正走进学生头脑。

（二）品牌打造阶段

通过2020级的试点教学，贵州轻工职院红色文化主题体验式实践教学模式——"初心课堂"已经初具雏形，为了打造具有省内知名影响力的思政课实践教学品牌，自2022年春季学期开始，我院从2021级所有教学班级的"毛泽东思想和中国特色社会主义理论体系概论"课程教学中，固定设置8学时实践教学内容。通过与理论教学内容的有机融合，设计了"毛泽东诗词赏析""诵读红色家书""老照片的故事""述说中国梦"四个主题实践活动。活动实施期间，各班任课教师发挥主导性作用，充分引导学生认真完成实践活动所有环节，并提前认真审核学生作品内容，对学生作品的政治方向进行把控；全体学生在老师的指导下，做好活动分组、活动内容选择、实践活动形式确定、活动准备及预演、现场展示以及小组互评，整个活动过程中，学生的主体性得到充分展示，他们通过情景展演、主题演讲、红色影片配音、PPT讲解、微电影、短视频拍摄制作、书法作品展示等形式，将抽象的理论学习具体化和生动化。截至2022年5月，贵州轻工职院"初心课堂"实践活动已经持续开展了两期，共计4600余名学生完成了500余件实践作品。活动已经得到了贵州师范大学、贵州职业技术学院、贵州工业职业技术学院等院校思政教师的高度赞扬。在体验中感悟，在感悟中生成，红色文化的育人成效不断强化，贵州轻工职业技术学院的红色文化主题体验式实践教学模式——"初心课堂"正在彰显品牌效应。

参考文献：

［1］杜向辉. 红色文化融入高校思想政治理论课教育教学研究综述［J］. 江西理工大学学报，2020，41（4）.

［2］周武兵，钟禹霖. 红色文化融入高职思政课实践研究［J］. 法制与社会，2020（7）.

［3］龚海燕. 红色文化融入公安职业院校思政课实践教学的路径探究［J］. 中国职业技术教育，2020（26）.

新时代职业本科爱国主义教育路径探索*

摘　要：当今世界正面临着百年未有之大变局，职业教育本科作为培养社会主义建设者和接班人的重要摇篮，进一步探索和完善职业本科爱国主义教育路径，具有开好局起好步的关键性作用。职业本科和学生特点决定了职业本科爱国主义教育路径要与普通院校有所区别。要严格按照《新时代爱国主义教育实施纲要》要求和内容，一方面完善和丰富以爱国主义为核心的课程体系建设，提高思想政治理论课教师的水平和地位，推动思想政治理论课教育教学改革；另一方面进一步提升和拓展以实践教育为基础的实践育人体系，充分利用社会实践做好爱国主义教育，形成爱国主义教育育人合力。

关键词：爱国主义；职业本科；路径

当今世界正面临着百年未有之大变局，各行各业都迫切需要转型升级。职业教育作为培养高层次高技能型人才的重要途径，也面临着转型升级的要求。转型是一个重大、系统的改革工程。探索高等职业教育的发展规律，既要学习借鉴国外的先进经验，又要充分考虑中国的实际情况，形成自己的发展特色。职业教育本科应时而生。2019年国家开启本科层次职业教育试点学校建设，截至2021年，全国共有本科层次职业学校32所，职业本科招生4.14万人、在校生12.93万人[①]。爱国，是一个亘古不变的话题，爱国是一种赓续千年的深厚情感。什么才是爱国，每个时代的人有不同的理解，新时代的爱国就是要投身中华民族伟大复兴的实践，投身国家高质量发展的实践。职业教育本科是培养社会主义建设者和接班人的重要摇篮，已逐步成为职业教育体系中的重要一环，在此时期进一步探索和完善职业本科爱国主义教育路径，具有开好局起好步的关键性作用。

＊ 本文作者：赵颖，贵州轻工职业技术学院党政办公室工作人员。

一、新时代职业本科教育特色

（一）职业本科教育特色

"高等职业本科教育"是教育部为了适应我国高级技能人才紧缺的国情，结合国际职业教育发展的总趋势提出的一个新的教育体系，是全日制本科学历教育的一种，既区别于普通本科也不同于高等专科学校，是一种全新的教育模式，与普通本科共同构成我国高等教育体系的全日制本科层次。

高等职业本科教育强调理论和实践训练并重，强调以就业为导向，缩小毕业生就业与社会需求的差距，实现就业的无缝对接。

职业本科教育特色为知识和实践并重。相比普通本科院校，更注重应用性和实操性的培养，相比于高职专科又更注重知识和综合素质的培养，对思想政治教育、爱国主义教育更重视。

1. 职业本科办学条件高于普通本科与高职

2021年1月教育部发布的《本科层次职业教育专业设置管理办法（试行）》对本科层次职业教育办学条件、专业设置和教师比例都提出了较高的要求。要求全校师生比不低于1∶18，高级职称专任教师比例不低于30%，具有研究生学位专任教师比例不低于50%，具有博士研究生学位专任教师比例不低于15%，"双师型"教师占比不低于50%。

从教育部门对于本科层次职业院校办学及专业设置的高标准、严要求可以看出，职业本科不是简单的高职延伸，也不是本科模式的套用。职业本科不管是从专业设置还是办学模式，都将是一套新的体系，将更加适应学生发展需要，并为产业升级提供高层次的技术技能人才支撑。

2. 职业本科培养目标更加精准

本科层次职业院校强调的是高层次技术技能人才的培养，针对应用型和职业技能型的专门人才，并且主要服务于产业中高端发展，目的性比较强。此外在2020年10月教育部等印发的《职业教育提质培优三年行动计划》中要求健全纵向贯通、横向融通的现代职教体系，特别是把开展本科层次的职业教育试点作为其中的重要环节，在构建中职—博士的体系过程中，发挥承上启下的关键作用。

（二）职业本科学生特色

当前我国职业本科学校主要有三种，一是本科院校独立试办高职本科专业，二是在国家示范性高职高专院校中试办高职本科专业，三是高职专科升格为高职本科。但高职本科学生还保留着职业院校学生理论基础较差、重实用性、依赖性和独立性并存等特点。这导致职业本科学校爱国主义教育面临的挑战更大。

1. 理论基础较差

学生的录取方式有高考、职教高考和中职推优、高职升本几种途径。虽然职业本科录取分数线连年提升，但与普通本科相比分数仍旧较低，2021年，转设为职业本科学校的河北工业职业技术大学、河北科技工程职业技术大学、河北石油职业技术大学一志愿率都不足5%，66.17%的考生报考前对报考学校不了解，或者是"考不上更好学校的无奈选择"。其他通过中职或高职推优进入职业学校的学生理论基础普遍较差。

2. 普遍重实用性轻综合提升

由于长期以来"以就业为导向"的职业教育模式，职业本科学生仍然更注重专业和课程的实用性，通常不注重语文、数学等基础课程及思想政治理论等通识课程的学习。从报考专业开始就更看重"就业前景好""专业发展前景好"，精力也大多放在实践课上。

3. 独立性和依赖性并存

当前的职业院校学生年龄构成已经普遍以"00后"为主，多为独生子女家庭，从小在各种关注与溺爱中成长，生活自理能力较差，应对挫折的能力较低。在家庭里依赖家长，在学校依赖老师，与同学相处遇到任何问题都希望老师来解决，独立性不够。但同时，这一代学生成长在信息时代，接触和认识社会相比"80后""90后"更早更现实，又渴望自由和独立。依赖性与独立性在他们身上互相矛盾而又同时并存着。

二、新时代职业本科爱国主义教育面临的挑战

（一）国际国内环境变化对大学生爱国观念带来巨大冲击

随着经济全球化的到来，国际国内大环境发生了深刻的变化，人们生活、生产、意识形态等领域也随之产生巨大变革，传统国家观念和民族观念都有所改变，给大学生的思想认同和价值选择带来了巨大的冲击，并在一定程度上弱化了大学生的爱国意识和情感。一方面西方一些国家通过各类国际组织推广发达国家政治理念，宣扬资本主义制度自信，独立思维能力不强、不够成熟的大学生成为这些组织的重要宣传对象，导致大学生开始对国家政治制度不认同和不自信。另一方面一些西方国家采取商业影片、打造公知、掌控媒体等文化渗透的方式向国内输出西方普世价值观和文化，试图削弱我们的民族文化，作为文化传承重要力量的大学生，他们的民族文化观、对文化的

认同遭到了一定程度的弱化。同时由于全球一体化，多元化开放的文化、越来越立体的信息媒介以及大学生自身的猎奇心理，让大学生很容易被西方文化所标榜的"自由、民主"等普世价值观所吸引。

（二）职业院校类型办学对大学生爱国主义教育重视不够

在培养职业人才过程中，一些职业教育工作者片面地把技能教育和综合素质教育对立起来，认为职业教育的培养目的就是培养动手能力、应用能力强的人，如果在有限的学习时间里再搞综合素质教育就会减少职业技能教育，达不到预期培养成果，这种简单对立的思维，长期以来都是职业教育人才培养的误区。当前大部分职业院校职业技能培养体系健全且成果显著，但学生思想政治教育和综合素质培养未紧随时代步伐而提升，特别是对爱国主义教育未形成体系化、制度化，整体思考不够、重视不足。

（三）爱国的非理性化带来大学生爱国行为极端化趋势

"新冠疫情"暴发进一步加速了国际国内环境的变化，我国应对疫情的决策能力、组织能力极大增强了大学生社会主义道路自信、理论自信、制度自信、文化自信。绝大多数大学生对祖国是发自内心充满热爱的，但是也出现了一些非理性化极端化的爱国趋势。一方面，这部分大学生对爱国的理解非常片面，认为爱国只能在应对疫情等"大事件"中来探讨，在生活中、小事中不用时时在意，认为爱国离自己比较遥远，只是在"升国旗""军训""阅兵"等特殊仪式和场合中的行为。另一方面容易出现爱国情绪化行为。随着中国日渐走进世界舞台的中心，西方敌对势力鼓吹"中国威胁论"。绝大部分大学生都表现出强烈的爱国情感、深厚的爱国情怀、较为理性的爱国认知。然而也有少部分学生表现出较激烈、极端化的爱国行为和情绪。网络时代人人都是自媒体，这样的现象在当前无法完全避免，只能培养大学生建立理性的思维方式，否则将导致严重后果。

三、新时代职业本科爱国主义教育路径

党的十九大以来，爱国主义教育的内涵和要求进一步因势而新，《新时代爱国主义教育实施纲要》应运而出，为新时代的爱国主义教育工作指明了方向。随着职业教育改革的推进，职业教育人才培养要求进一步提高。目前，中国拥有世界上最大的职业教育体系，其中职业教育本科的发展成为未来一段时期职业教育发展的重点，构建职业本科爱国主义教育体系是做好新时代爱国主义教育的重要一环。

（一）完善和丰富以爱国主义为核心的课程体系建设

构建以思想政治理论课为核心、课程思政为辅导的多维度爱国主义教育体系，牢牢占领爱国主义教育主阵地。紧紧抓住青少年阶段的"拔节孕穗期"，引导学生"扣好人生第一粒扣子"，理直气壮开好思想政治理论课。通过对教师、教材、教法等内容进行改革，进一步完善和丰富以爱国主义为核心的课程体系，引导学生把爱国情、强国志、报国行自觉融入坚持和发展中国特色社会主义事业、建设社会主义现代化强国、实现中华民族伟大复兴的奋斗之中。

1. 进一步提高思想政治理论课教师的水平和地位

师者，所以传道受业解惑也。办好思想政治理论课关键在教师，关键在于发挥教师的积极性、主动性、创造性。习近平总书记殷殷嘱托广大思政课教师，"要给学生心灵埋下真善美的种子，引导学生扣好人生第一粒扣子"。一是规范和整顿思想政治理论课教师队伍，大力引进博士等学历的教师，提高教师队伍的专业性和教学能力。二是对思想政治理论课教师开展培训，提升教师的政治觉悟和专业能力，爱国的老师才能教出爱国的学生，因而要培养一批政治强、情怀深、思维新、视野广、自律严、人格正的思政课老师。三是提高思想政治理论课教师待遇，充分保障思想政治理论课教师地位。

2. 推进课程思政和思政课程建设，形成育人合力

2020年教育部发布《高等学校课程思政建设指导纲要》，提出要把思想政治教育贯穿人才培养体系，全面推进高校课程思政建设，发挥好每门课程的育人作用，提高高校人才培养质量。爱国主义元素是最便于融入专业课程的思政元素，要通过课程思政的建设让爱国主义教育贯穿技能培养全过程，在专业教学的理论阐释和专业实践中潜移默化融入爱国主义教育思想，与思政课程共同成为职业本科爱国主义教育体系的合力。

3. 推动思想政治理论课教育教学改革

结合职业院校学生特点，持续深化教育教学改革，打造思政"金课"。利用课堂主渠道立德树人、铸魂育人，推动思想政治理论课改革创新，不断增强思政课的思想性、理论性和亲和力、针对性，做到"八个相统一"。坚持政治性和学理性相统一，提升思政课的政治属性，形成严密科学逻辑性强的课程闭环；坚持价值性和知识性相统一，形成"历史+当下+未来"的立体化知识体系，用丰富的知识性推动先进的价值观念；坚持建设性和批判性相统一，建设思想政治理论课与批判课程教学相结合；坚持理论性和实践性相统一，把教科书与新时代中国这本大书融为一体；坚持统一性和多样性相统一，更

进一步贴近当前经济社会发展实际、贴近职业本科学生、贴近职业院校具体实践；坚持主导性和主体性相统一，充分发挥教师教学的主导性，激发学生参与课堂的主体性作用；坚持灌输性和启发性相统一，以教师启发为主，学生自我灌输为辅，形成爱国主义自觉灌输教学模式；坚持显性教育和隐性教育相统一，用好思政课堂主干道，开发劳作教育、实践课堂等多渠道教学。

（二）提升和拓展以实践教育为基础的实践育人体系

教育内容都要通过一定的载体形式表达出来。开展大学生爱国主义教育，应不拘泥于纯粹理论教育，要不断丰富爱国主义教育的实践载体，才能最大化地提升爱国主义教育实效。

1. 发挥好媒体的宣教作用

创新方式方法，利用微信、微博、新闻客户端等"两微一端"新媒体模式，用大学生喜闻乐见的方式加强爱国主义内容的宣传，将爱国主义教育融入日常宣传报道之中，营造爱国主义占据主流社会舆论的良好氛围。结合国庆节、建党节、建军节等重大节日、重大纪念活动，打造爱国主义教育的实践载体，组织开展针对性强、形式多样的主题宣传、庆祝、教育活动，大力宣传共和国勋章获得者、人民英雄称号获得者等楷模的先进事迹。

2. 巩固"四史"教育成果，推动"四史"学习常态化

党的历史、新中国的历史、改革开放的历史、社会主义发展的历史中有大量可歌可颂的人物、事迹亟待挖掘。只有学习新中国的历史，才能认识社会主义建设的艰巨性，深刻认识来之不易的中国特色社会主义道路，增强爱国主义、爱党、爱中国特色社会主义的自觉性和自信心。持续巩固"四史"学习成果，推动"四史"学习常态化，打造一批优秀的文艺作品，寓爱国主义教育于文艺作品中。诸如《长津湖》《觉醒年代》《人世间》等群众反响强烈的优秀文艺作品，就起到了很好的爱国主义教育效果。

3. 要充分利用社会实践做好爱国主义教育

实践性是马克思主义哲学的显著特征。习近平指出，马克思主义是实践的理论，指引着人民改造世界的行动。职业教育重视实践和动手操作。习近平总书记曾勉励青年大学生要把自己的理想和人生同祖国的前途和民族的命运紧密相连。爱国主义教育途径的实施需立足于"现实生活世界"，通过具体的爱国实践，将政治生活、专业学习与社会实践紧密结合，保证爱国主义教育和言行的统一性。一方面各职业本科学校可以爱国主义教育相关案例为主要内容，挖掘具有突出代表性的人物、事件等资源，结合各专业课程特色，编制各具特色的爱国主义教育指导用书；另一方面，不断拓宽和丰富爱国实

践平台，在校内保障学生参加政治实践活动的权利，办好团代会、学代会等，在校外不断拓展学生参与社会实践活动的机会，通过公益志愿服务活动、社会调研活动、社会走访调查活动、三下乡活动以及工学交替、跟岗实习等专业实践活动等充分建立青年人与国家和社会的接触，引导高校大学生将自己的爱国热情和报国志向融入社会主义经济建设的重要战场、民族文化发展的绚丽舞台、现代化社会建设的新兴领域、乡村振兴实践的广阔天地里，在一代代大学生接力奋斗的实践活动中检验爱国主义教育效果。

参考文献：

［1］刘彩琴．职业本科育人文化的内涵辨析、逻辑向度与体系构建［J］．教育与职业，2022（7）．

［2］胡成，薛茂云．聚力发展本科职业教育：经验、问题与对策［J］．社会科学家，2021（1）．

［3］李宁宁．推进特色职业本科大学校园文化建设的路径选择［J］．科幻画报，2021（8）．

［4］徐国正，刘文成．新时代大学生爱国主义教育：挑战、原则与路径［J］．大学教育科学，2022（3）．

［5］温鑫，胡启立．新时代大学生爱国主义教育的路径探究［J］．对外经贸，2022（2）．

［6］曹宁．新时代高校爱国主义教育途径改革的逻辑理路和实践路径［J］．湖北开放职业学院学报，2022，35（6）．

打造"一站式"学生社区综合管理模式 扎实推进学生公寓育人工作[*]

摘 要：学院以"一站式"社区打造为抓手，创新"三化"服务管理模式为载体，推进学生公寓管理育人基础；贯彻落实"六进公寓"工作要求，打造公寓社区良好育人空间。不断加强社区队伍建设、社区场地建设、公寓社区管理、公寓信息化建设，培养学生自我管理、自我监督、自我服务、自我教育的能力。形成优良育人环境，促进学生德智体美劳全面发展。

关键词：一站式；学生社区；公寓；育人

一、案例正文

学校秉承"人本管理，人文关怀，人性化服务"的工作理念，坚持"科学发展、人本服务、规范管理"的工作原则，充分发挥学生公寓社区管理、服务、文化"三育人"功能。2015年，学院紧紧围绕"一切为了学生、为了一切学生、为了学生一切"的工作目标，建设一站式学生服务中心，负责统一办理与学生相关的各类事务。2017年建立学生公寓社区服务中心，已发展为集学生宿舍事务办理、建议意见收集、宿舍调整、信息查询、宿舍文化建设为一体的重要平台。2018年学院招标引进了人脸识别门禁系统，学生公寓管理服务实行大数据管理。2018年开始在钉钉平台上实行公寓管理三查三改机制、维修申请、内务评分等，有效提升了学生公寓管理服务水平。

---

[*] 本文作者：肖德均，贵州轻工职业技术学院党委学生工作部（学生工作处）学生管理科科长。

二、案例主要做法

（一）以创新"三化"服务管理模式为载体，推进学生公寓管理育人基础

1. 公寓社区实施信息化管理

门禁系统平台和钉钉系统平台的搭建，实现了服务管理数字资源有效整合。目前学生公寓的分配、调整、进出宿舍、在寝状态、晚归查询等事务通过门禁系统平台线上完成，在系统中可以查询学生住宿档案。学生宿舍内务评分、宿舍卫生诊改、信息推送等事务通过钉钉平台线上完成，实现了学生管理信息化的可操作性，可及时掌握公寓管理的准确数据，使服务管理更加有序、高效。

2. 公寓社区网格化管理

以构建"高标准、严要求"的管理体系提升学生公寓管理服务水平，逐步形成"规范化运行、科学化配置、制度化管理"的学生公寓网格化管理工作格局。以每栋公寓为基础，将社区公寓楼实行网格化划分，主要分为三个级别网格员：一级网格员负责本公寓楼栋学生的思想政治教育引导，指导网格员开展公寓管理服务工作，营造本楼栋、楼层特色文化氛围。二级网格员负责网格内学生的自我管理和服务工作。三级网格员负责宿舍内学生晚归、卫生、安全检查、异常情况等信息的报送工作。

3. 公寓社区制度化管理

为进一步在学生公寓管理中实现"全方位、全过程"服务全体学生，逐步形成了学院顶层设计、学生工作部统筹协调、系部整体管理、辅导员具体实施的工作模式，建立了以社区公寓楼为基本管理单元、学生公寓管理委员会和物业管理公司为两翼的工作机制，完善了《学生公寓管理规定》《学生公寓水电管理细则》等一系列制度，做好公寓管理常规和过程性考评，完善评价过程，做到学生公寓管理有规范、有流程、有目标，为学生在公寓社区生活创造有利条件。

（二）贯彻落实"六进公寓"工作要求，打造公寓社区良好育人空间

1. 党团组织进公寓

各系部党团组织入住公寓楼党团活动室，以公寓为阵地，开展思想政治教育工作和形式多样的文化建设活动，学院党团员在公寓教育管理和文化建设中起到先锋模范作用，真正发挥好公寓党团组织的作用。

2. 辅导员进公寓

围绕立德树人根本任务，明确辅导员工作职责，督促辅导员及辅导员工作室入驻学生公寓，开展心理健康教育、学业指导、劳动教育、创新创业等多个方面工作，把学生公寓社区打造成为辅导员工作理论研究与实践创新的重要平台。及时发现和解决学生"急、难、愁、盼"问题，切实引领学生成长成才。

3. 爱国主义教育进公寓

国旗护卫队活动室设置在学生公寓，定期开展升国旗、激光打靶训练、应征入伍预征班训练等贴近生活的特色爱国主义教育，扩大爱国主义教育的辐射面、渗透力、影响力。在公寓宿舍开展日常党团活动以解决学生实际困难，促进公寓内的精神文明建设，让学生公寓成为爱国主义教育的重要阵地。

4. 心理健康教育进公寓

加强学生心理健康教育和咨询服务，打造健康和谐的学生公寓文化育人氛围。通过在学生公寓社区楼层设置心理健康专栏，定期在社区服务中心、青年之家和国旗护卫队办公室播放心理健康影视作品，心理健康中心开展心理辅导、心理健康知识宣讲、讲座等对学生进行多方位的心理健康教育活动。在学生心理健康教育中做到早发现、早预防、早干预、早治疗，及时掌握学生心理问题，在日常管理中更有主动权。

5. 德育导师进公寓

各系部利用公寓内的走廊、宣传栏等宣传介绍各专业特色、系部主干学科、专业教师、专业主要就业方向和就业岗位等，德育导师进公寓指导学生参加技能大赛、创新创业比赛和挑战杯大赛等提升学生的综合能力，缩短学生和导师之间的距离，也让学生树立良好的学习目标。

6. 社团组织进公寓

公寓社区管理委员会等学习型社团组织协助党委学生工作部开展宿舍管理工作，促进对学校的优良学风的建设，通过对社团干部的理论、政策、业务培训，提高社团干部工作能力和修养，增强社团服务的意识、工作责任心和工作水平。

三、案例取得的实效

（一）加强社区队伍建设，完善公寓管理机制

根据社区的规划，采取辅导员工作室入驻学生公寓社区，各系部选拔辅导员负责公寓社区管理工作，保障公寓社区管理的相对稳定性。制定新时代

学生公寓住宿一系列管理办法，完善公寓社区制度，提升公寓社区教育管理效能，建立健全学生公寓社区管理人员与学生沟通机制，保障学生合法权益，促进学生公寓社区健康持续发展。

（二）加强社区场地建设，丰富学生课外活动

合理规划学生公寓社区的布局，不断推进学生公寓社区活动室、社团青年之家、辅导员工作室、国旗护卫队三室一库等建设，进一步配全配齐设施设备，夯实学生社区教育管理服务阵地，在学生公寓社区中树立正确的价值观、传播正能量，不断提高学生公寓社区思想政治教育工作的感染力。

（三）加强公寓社区管理，探索新形势下的管理新模式

在原有制度基础上，吸取管理经验，推行信息化管理。通过信息化数据库系统收集查询入住学生信息、空床位空房间信息，调整学生住宿数据变动，通过微信端查看学生状态数据，提高房间利用率。

（四）加强公寓信息化建设，保障人员财产安全

公寓门禁系统投入使用，通过人脸识别进出公寓，从传统的值班人员识别变为大数据自动识别，有效防止外来人员进入学生公寓，有效保障公寓安全。通过在楼栋入口和各楼层设立监控探头，通过电子监控系统对学生公寓公共区域的情况全程监控，针对学生异常进入宿舍有实时记录，确保学生公寓内的财产安全。

（五）培养学生自我管理、自我监督、自我服务、自我教育的能力

强化社区管理委员会组织职能，把公寓管理、服务的权利和职能还给学生，让学生以"主人翁"的观念参与到公寓社区各项管理服务中。引导学生做好人际关系处理、宿舍矛盾化解，减少各项矛盾纠纷，营造和谐公寓社区气氛。

四、参考分析

学生公寓环境、氛围关系到学生对公寓社区的归属感，目前不少高校的学生公寓相对分散，公寓社区化、信息化管理是当前高校公寓管理发展方向。

（一）公寓社区管理人员改变服务意识，培养学生的自律与责任感

一是公寓社区管理人员要改变传统的"滞后服务"，新形势下的"超前服务"模式更有利于学生树立忧患意识、时间意识、服务意识。二是公寓社区管理人员要改变传统的"被动服务"，主动为学生服务，积极宣传国家、省市、学校的有关政策，创造性地为学生服务，使学生树立效率意识、责任意识。三是公寓社区管理人员通过提高自身的素质，提高服务质量和服务能力，

以满足新时代下在校园生活的大学生。

（二）加强学生公寓社区文化宣传，提升校园文化建设

学生公寓社区文化是校园文化的重要组成部分，公寓社区的文化建设有利于提升学生综合素养，更好引导学生的健康成长。通过在公寓楼宣传设置展板、挂画，开展宿舍文化节、"文明宿舍"评比活动，促使学生养成良好的行为习惯和自律能力，增强学生的集体荣誉感，营造一个和谐温馨的公寓社区环境。

（三）修改完善制度，促进公寓管理规范化

制度是用来规范和调节学生与管理人员、学生与学生之间关系的，在出现争议时可以做到有规可依，有章可循。应完善公寓住宿管理、寝室内务管理、宿舍安全管理等制度，定期对学生公寓进行检查，对学生在学生公寓内的行为表现进行综合考评，让学生自觉成为良好社区公寓环境的维护者和建设者。

（四）加强教育和引导，建立师生互相信任的牢固关系

一是通过与家长沟通联系，了解学生的家庭环境、成长经历，对存在心理问题、身体残疾等特殊学生要做到经常与家长联系。二是经常性地深入学生公寓、班级、活动之中，接纳学生、引导学生、尊重学生，用心倾听学生的声音，做学生的知心朋友，让学生正视自己的问题并愿意与老师分享，对问题进行针对性处置，达到教育的效果。三是开展以宿舍为单位的集体活动，参与到学生活动中，加强沟通互动，对宿舍卫生差、抽烟、宿舍矛盾等不良现象进行及时处理，避免出现宿舍矛盾激化的局面。

新时代高校辅导员在意识形态领域开展高校思想政治工作的实践路径[*]

摘　要：意识形态领域的工作是高校思想政治工作的重要组成部分，辅导员作为高校思想政治教育的重要实践者，可通过在思想上读懂悟透马列主义基本原理，掌握马克思主义在各个时期中国化的一系列成果，始终坚定文化自信，坚持以学生为本的思想，充分发挥各类课（会）的教育作用，开展高校大学生意识形态领域的工作。

关键词：高校辅导员；意识形态；思想政治教育

党的十九届六中全会通过的《中共中央关于党的百年奋斗重大成就和历史经验的决议》强调"意识形态工作是为国家立心、为民族立魂的工作"。高校作为青年学生意识形态工作的主战场，也是马克思主义意识形态话语传播的主阵地。进入新时代，高校面临着西方文化思潮恶意渗透、融媒体时代信息烦杂、功利思想较重等情势。高校青年辅导员作为高校思想政治教育骨干，学生的知心朋友，在当前面临新的复杂的意识形态斗争形势下，培养和提高高校辅导员意识形态工作能力水平理所当然的成了一个重要的实践问题。

一、高校辅导员在意识形态领域开展思想政治工作的必要性

（一）百年未有之大变局背景下意识形态领域形势变化的必然要求

2013年8月19日，在党的十八大后首次召开的全国宣传思想工作会议上，习近平总书记指出："意识形态工作是党的一项极端重要的工作。"随着百年未有之大变局不断深入演化，世界进入动荡变革期，世情国情发生了重大变化，人们的思想认识、价值观念也在发生着广泛而深刻的变化，一些试图否定党的领导、质疑甚至否定改革开放等错误思潮在各大互联网平台此起

---

[*] 本文作者：阳思远，贵州轻工职业技术学院辅导员。

披伏，拜金主义、享乐主义、极端个人主义倾向在学生脑中悄然滋长。高校作为为党育人、为国育才的重要阵地，尤其需要在意识形态领域加强思想引领，牢牢把握学生意识形态工作主动权，避免学生出现价值观念偏差，理想信念动摇的情况。高校辅导员作为高校开展大学生思想政治教育的骨干力量，在当代高校大学生意识形态教育领域，推动马克思主义意识形态入脑入心责无旁贷。

（二）学生成长过程的现实要求

大学阶段是大学生人格发展和成型的重要时期。这一阶段是大学生逐渐形成稳固的对自我、他人和世界认识的时期，也是逐渐形成稳固的行为模式和态度观念的时期。同时随着中国现代化的快速发展，日益提高的生活水平、日新月异的科技进步和琳琅满目的信息使得大学生人格发展会在一定程度上受到时代特征的影响，这种影响虽然缓慢却有显著的表现。高校作为学生正式进入社会参加工作前接受系统性知识传授的最后一站，各种日常的信息都可能会对青年大学生价值观塑造产生影响，高校辅导员作为学生日常生活中的知心朋友、思想政治教育工作者，需要充分把握好大学生这一行为特征，积极有效地开展青年学生意识形态领域工作，引导其形成健全的人格。

（三）高校辅导员岗位职责所在

《普通高等学校辅导员队伍建设规定》明确指出，高校辅导员是开展大学生思想政治教育的骨干力量，是高等学校学生日常思想政治教育和管理工作的组织者、实施者、指导者。辅导员需要具备思想政治教育专业基本理论、基本知识和基本方法，要掌握马克思主义中国化相关理论及知识。同时，兼具教师和管理者身份的辅导员位于高校学生组织管理的最基层，是党和国家路线、方针、政策在高校的实际执行者和落实人员。因此高校辅导员在日常性事务中需要自觉地做好学生的思想政治和意识形态工作。

二、高校辅导员在意识形态领域工作中面临的现实困境

（一）意识形态自身抽象性特点

意识形态这一词语属于东西方文化交流的产物，其系统性概念最早由法国哲学家德·特拉西提出，随着社会生产关系和人类生活实践的丰富不断地向抽象化、多义化发展。马克思在《德意志意识形态》中认为，德意志意识形态总习惯用空洞的脱离实际的理论去解释世界，最终导致意识形态本身成为一种不可知的、超脱于生活实际的观念体系。因此，意识形态领域的各类问题就天生具有抽象性，并且存在脱离生产生活实际的倾向，这也使得意识

形态领域的问题模糊、隐蔽，这也是高校辅导员在进行意识形态领域思想政治工作时，在实践层面难以取得突破的原因之一。

（二）意识形态领域斗争极强的复杂性和隐蔽性

随着我国互联网的不断深入发展，以短视频为主的新媒体开创了全新互联网时代。这类新媒体平台已经成为高校大学生接收信息的主要渠道。在云计算、大数据、人工智能的助力下，信息个性定制、精准推送和爆炸式传播已经成为全新的信息传输特点。全民直播、社交传播、多媒体融合传播使得舆论呈现出自发、突发、多元、匿名、难管控等诸多新特点。高校青年大学生由于在主观上对于通过网络进行隐蔽宣传的一些关于西方资产阶级民主、自由、人权等信息缺乏思辨能力，很容易被此类信息完成意识形态渗透，具体表现为抽象地讲民主、着重强调个人自由、对人权进行过分的延伸和解读。这种复杂的多渠道融合且带有政治目的的隐蔽性意识形态渗透，是当前意识形态领域斗争的主要特点。

（三）高校辅导员整体的意识形态领域引领能力有待提升

众所周知，在制度层面，自辅导员制度从确立开始，高校辅导员便是高校马克思主义意识形态传播的中坚力量。但从实践层面来看，作为学生日常工作的管理者，高校辅导员也客观的存在过多地陷入事务性工作的现实困境。这也使得高校辅导员对于意识形态领域工作的认知缺乏敏感度，对一些意识形态领域渗透的思考缺乏深度。这些职业技能素养的缺乏，使得高校辅导员极易产生工作挫败感，并随之产生消极的工作态度。这一恶性循环的存在一定程度上妨碍了高校辅导员进一步提升自我的意识形态引领能力。

三、高校辅导员在意识形态引领上的实践策略

（一）增强马克思主义政治理论素养，提升问题辨识能力

习近平总书记强调，马克思主义立场、观点、方法是做好工作的看家本领，是指导我们认识世界、改造世界的强大思想武器。作为高校思想政治工作者，高校辅导员不仅要从理论上学习马克思主义，掌握马克思主义中国化过程中在各个历史时期产生的理论创新成果，也要在思想上认同和坚守马克思主义在我国意识形态领域的指导地位，更要在行动上学会用马克思主义的立场、观点和方法来解决高校大学生在意识形态领域存在的问题。亦即必须认识到，在社会各个领域出现的各种现象、各类思潮一定是历史的、具体的、辩证的，而不是空洞的、抽象的、表面的。属于上层建筑的意识形态一定有与之相对应的经济基础（社会现象），因此也就要学会对此类经济基础（社会

现象）做出马克思主义的人民立场的分析。在发现高校大学生在意识形态领域出现了同我国社会主义制度不相适应的倾向时，应当及时找出这种倾向出现的历史根源，并及时对其加以引导和纠正，使其思想认识能够回到国家主流意识形态之中。这也就要求高校辅导员应该具备一定历史素养，尤其是对中国共产党党史、改革开放史和社会主义发展史能够熟练的掌握。也只有如此，才能对意识形态领域复杂、隐蔽的斗争形态有所发觉，同时也能在高校大学生出现意识形态领域相关困惑的时候及时旗帜鲜明地亮剑。

（二）始终坚定文化自信，以学生为本

2021年9月13日至14日，习近平总书记在陕西榆林考察时指出，"我们办教育，就是要提高人民综合素质，促进人的全面发展，提升社会文明程度，坚定文化自信，增强全民族创造活力。"作为高校辅导员，必须意识到，高校是为党育人、为国育才的重要场所，高校在校大学生是未来中国特色社会主义事业建设者接班人的重要组成部分，中华优秀传统文化、红色革命文化与马克思主义基本原理相结合是中国特色社会主义题中的应有之义。这就要求高校辅导员在意识形态领域开展学生工作时需要坚定文化自信，以中华优秀传统文化和红色革命文化等为载体，通过理解和把握中华文化中的实践性、包容性和人文主义精神，深刻意识到高校大学生意识形态的引领工作需要以人为本，以学生的身心健康成长为中心，以开阔的胸襟、宽广的视野引导学生从价值观层面认同中华文化，并以此来激发高校大学生对社会主义意识形态的认同。同时，在引导和培养学生思想成长的过程中，要深刻把握住中华传统文化中的有教无类的教育思想，承认大学生在青年阶段价值实现客观地存在多元化特点，不以成绩论英雄，充分发挥德育优势，培养学生在校期间养成良好的道德品格，在思想上有明辨是非、理解个人和集体之间的辩证关系的能力。

（三）积极充分地发挥班会、团课（会）和党课等课（会）作用

高校辅导员工作职责包括"指导学生党支部和班团组织建设""学生日常事务管理"等，而这类课（会）也是辅导员与所指导班级学生集中见面的最普遍的方式。1948年3月20日，毛泽东同志在《关于情况的通报》中指出，"政策和策略是党的生命"。作为高校辅导员，应当及时学习、消化、理解和吸收党的最新方针政策，并结合实际情况，通过各类课（会）传达。以我所在的贵州省为例，作为全国贫困人口最多、贫困面最大、贫困程度最深的省份，贵州最终如期地实现了脱贫攻坚的历史性全胜，彻底撕掉了千百年来的绝对贫困标签，正迈向共同富裕的康庄大道。而这一切都是党的十八大以来，

以习近平同志为核心的党中央接过历史的接力棒，制定决战决胜脱贫攻坚战略部署得到有效执行的结果。很多贵州籍的在校大学生都是这一伟大的战略执行中的直接受益人。同时，在 2022 年新春伊始，国务院下发的《关于支持贵州在新时代西部大开发上闯新路的意见》，再次给贵州未来的发展提供了干货满满的"大礼包"。党中央国务院这一系列的战略、政策、举措，都需要贵州各个高校辅导员深入学习理解，并且在结合班级学生实际情况之后，通过各类班级课（会）加以传达，并且使所有在校学生都能从自己的亲身经历来理解党和国家所做的决策部署中所包含的深刻的人民性，同时也让学生从思想上意识到这种人民性所包含的民主思想是具体而实在的，并不是抽象空洞的口号。

参考文献：

[1] 钟海燕. 新时代高校意识形态教育：背景·问题·对策 [J]. 中学政治教学参考, 2021（36）.

[2] 马前广. 当代大学生人格发展状况分析及对策思考 [J]. 思想理论教育, 2017（11）.

[3] 朱一梅. 新时代高校意识形态话语权建构研究 [D]. 兰州：西北师范大学, 2021.

[4] 刘晓薇. 西方价值观渗透我国高校意识形态的新特征与对策 [J]. 中学政治教学参考, 2021（36）.

[5] 郝桂艳. 新时代高校青年辅导员理想信念建设的意义、现状与策略 [J]. 思想理论教育导刊, 2020（2）.

[6] 代金平, 陈雨轩. 文化自信视域下高校意识形态教育路径创新 [J]. 重庆社会科学, 2019（6）.

第三篇 03
经验成果

2021 年全省高校党建工作创新"最佳案例"[*]

——"创新 1+2+3+4+5 学生党员"培养工作法

摘 要：职业院校基层党组织在学生育人过程中发挥重要作用，贵州轻工职业技术学院建筑工程系学生党支部探索形成"一个体系、两张名片、三个品牌、四项工程、五个途径"的"创新 1+2+3+4+5 学生党员"培养整体工作格局，发挥党建引领的旗帜作用，为党育人、为国育才、筑牢立德树人根本任务。

关键词：党建；创新；育人

一、背景与起因

随着《国家职业教育改革实施方案》的出台，职业教育迎来了崭新的春天。同时问题也随之而来，职业院校培养的人才质量和人才素质将备受企业和社会各界人士的广泛关注，相对于本科院校而言，高职院校存在学制较短、生源质量参差不齐等问题，导致部分学生党员入党动机不纯、示范引领作用不突出、学生党员教育未与应用型技能人才培养深度融合等问题。基于这些现象，建筑工程系学生党支部在学院党委、系党总支的正确领导下，坚持以习近平新时代中国特色社会主义思想为指导，紧紧围绕"立德树人"根本任务，坚持"文化浸润技术、理想托起技能"理念，结合党支部标准化规范化建设，不断探索高职院校基层学生党支部党员管理方法，形成"一个体系、两张名片、三个品牌、四项工程、五个途径"的"创新 1+2+3+4+5 学生党员"培养整体工作格局，在培养中既体现了高校学生党员培养的共性，又体现了职业教育的个性，积极探索高职院校多样化生源结构下学生党员的发展

---

[*] 本文作者：李五祥，贵州轻工职业技术学院建筑工程系党总支书记；龙琴，贵州轻工职业技术学院建筑工程系实训管理科科长；陆端，贵州轻工职业技术学院建筑工程系党总支副书记。

管理新模式，提高人才培养质量和人才综合素质。

二、品牌特色优势

建筑工程系学生党支部"创新 1+2+3+4+5 学生党员"培养工作法，结合系部"质量建工"文化体系内涵，致力于凝聚青年思想、服务青年成长、培育新时代青年。通过树立"志愿服务"和"3D 打印"两张名片；打造"红歌合唱""卓越工匠""大学生心理情景剧"三个品牌；实施"素养文化""匠心文化""心育文化""职业文化"四项工程，从"三会一课""主题党日+X""集中政治理论学习""业务培训""结对帮扶"五个途径，增强青年学子"四个意识"、坚定"四个自信"、做到"两个维护"，争做担当民族复兴大任的新时代青年。

（一）搭建一个体系

建筑工程系学生党支部始终把系部"质量建工"的文化理念贯穿于整个党建工作实际中，发挥基层党组织战斗堡垒作用，不断丰富和完善"质量建工"内涵，用"标准、规范、创新、发展"诠释"质量建工"文化内涵，使之成为全体建工学子自觉的文化追求和共同的文化价值取向。

（二）树立两张名片

1. 树立"志愿服务"名片

一是服务师生，建立党员先锋岗，协助辅导员老师服务学生工作；二是服务基层，组建志愿服务队，深入养老院、儿童福利院、周边社区开展志愿帮扶活动；三是服务乡村，利用"三下乡"、寒暑假社会实践活动，结合专业技术开展"点亮万家，筑梦乡村"品牌活动。将志愿服务纳入党员发展教育培养的全过程，建立有针对性的培养策略，从而全面提升大学生党员的发展质量。

2. 树立"3D 打印"名片

党支部结合学生专业特色，通过教师党员指导学生党员、入党积极分子、优秀团员开展红色 3D 打印建筑模型展，将红色文化与学生党员的思想政治教育有机融合，同时，不断提升学生党员专业水平与技能，促进学生党员综合素质全面提升。

（三）打造三个品牌

1. 打造"红歌合唱"品牌

党支部每年针对新发展的学生党员、预备党员、入党积极分子组建一支红歌合唱团，开展红歌合唱特色晚自习活动，将红歌艺术融入学生党员先进性教育当中，帮助学生党员深入了解我国革命精神、艰苦奋斗精神，升华学生党员爱国主义思想情感。

2. 打造"卓越工匠"品牌

党支部联合系团总支，每年开展"建筑模型创意设计比赛""建筑摄影大赛""工程测量比赛""CAD制图比赛"、建筑行业专题讲座等活动项目，不断提升学生专业素养和专业技能，其中部分学生党员在全国职业技能大赛测绘项目中荣获三等奖，促使越来越多的优秀学生加入系部专业社团，以赛促学、以赛促训，培养高素质应用技能型人才。

3. 打造"大学生心理情景剧"品牌

党支部高度关注我系学生心理健康问题，通过联合系团总支每年定期举办"校园心理情景剧大赛"，通过主题团日活动观看电影、开展团体素质拓展等并结合实际开展心理健康主题活动。2020年，由党支部书记龙琴同志指导的心理情景剧在贵州省第十五届校园文化活动月之"关爱生命，阳关心灵"贵州省大学生校园心理情景剧大赛荣获省级二等奖，学生党员张××同学荣获最佳表演奖。2021年，龙琴同志指导的心理情景剧在第四届全国高校心理情景剧比赛中荣获全国一等奖。通过心理教育活动，将培养积极心理品质与正能量融入党员发展过程中，进一步提升学生党员入党后的教育成果。

（四）实施四项工程

1. 实施"素养文化"工程

通过"三会一课""主题党日"活动弘扬红色文化，将中华优秀传统文化、革命文化、社会主义先进文化教育纳入学生党员教育培养工作计划，并结合传统节庆日、重大事件和开学典礼、毕业典礼等开展主题教育活动；定期开展师生社会主义核心价值观主题教育活动，选树宣传系部践行社会主义核心价值观学生党员榜样典型，深化"质量建工"系部特色文化内涵，增强青年学生党员、优秀团员的爱国情怀。

2. 实施"匠心文化"工程

通过开展"卓越工匠"建筑科技文化节，举办"建筑摄影大赛""工程测量比赛""CAD制图比赛"、建筑行业专题讲座等，引导学生党员在专业学习的同时，深情回顾党的奋斗历史，进一步发挥专业特长，继承和发扬党的光荣传统和优良作风。

3. 实施"心育文化"工程

支部依托系心理咨询室，开展心理健康讲座、"大学生心理情景剧大赛""5·25心理健康日活动"，建立心理健康教育长效机制，把心理健康教育纳入学生党员培养方案，以系部"成长驿站"心理咨询室为依托，关注学生心理健康。完善系党总支、党支部、团支部"三级"预警防控体系，建立心理危机干预预案。同时对学生入学直至大三毕业，开展心理健康普查及就业压力调查，做好心理育人全过程。

4. 实施"职业文化"工程

通过开展"出彩职业人"活动、"简历大赛""校园模拟招聘会"等活动，着力提升职业素养，将职业认知、职业道德教育融入人才培养全过程。

（五）通过五个途径

1. 通过"三会一课"途径

充分发挥基层党组织的政治功能。以党建为引领，党建带团建，把学生党员、优秀团员充分动员起来，提升党支部的战斗力、创造力和凝聚力，打造出一支立场坚定、凝心聚力、清正廉洁、探索创新的队伍。

2. 通过"主题党日+X"途径

积极推进"主题党日+学习教育""主题党日+品牌活动""主题党日+志愿服务"等方式，充分利用传统节假日、系部品牌活动等形式，发挥主题党日功效，培育社会主义核心价值观。

3. 通过"集中政治理论学习"途径

支部教师党员带头学，引领学生党员主动学，全参加"线上+线下"联动的学习模式。通过丰富多彩、有声有色的学习形式，进一步引导青年学子深刻领会中国共产党苦难中铸就辉煌、挫折后毅然奋起、探索中收获成功、转折中开创新局、奋斗后赢得未来的百年历程。

4. 通过"业务培训"途径

提升学生党员党建工作能力，充分利用好"共产党员网""学习强国""大学生在线"等网络学习平台，激发学生党员的学习参与热情，营造奋勇争先、比学赶超的良好学习氛围。据统计，近年来党支部毕业生的学生党员在单位中承担党支部书记、党支部委员人数逐渐提升。

5. 通过"结对帮扶"途径

围绕党支部之间、支委成员与困难党员之间、支部党员与贫困学生之间、支部党员与团支部之间进行结对，积极探索"1+N"实践教育工作方法，学生党员"1+1"联系班级、学生党员"1+1"联系宿舍、学生党员"1+1"联系低年级学生、学生党员"1+1"联系困难同学，加强高校学生党员实践教育，坚定学生党员共产主义理想信念，增强学生党员服务人民群众的社会责任感，巩固基层党组织建设。

三、成效与评价

党支部在扎实推进党支部标准化规范化建设过程中,"创新 1+2+3+4+5 学生党员"培养工作法,强化学生党员成长过程管理,提高学生党员培养质量,在学生群体中充分发挥先锋模范带头作用,成为引领系部学生全面发展、团结学生的政治核心力量,成为开展思想政治教育的坚强堡垒。目前党支部获批 2019 年度省属高校"标准化规范化示范党支部""省属高校、厅属职业院校基层党建示范点""全省党建支部标准化规范化建设示范点"等荣誉称号。

四、经验与启示

高校学生党员作为学生中的先进分子,在高校学生群体中有着广泛的影响力,是我们党和国家事业的接班人,是开展高校学生思想政治教育工作的关键少数。同时,培养学生党员是一个系统工程,要把高校培养学生党员的成功经验上升到党员发展实际工作成效中,需要不断探索学生党员培养新策略。本文在理论和实践的基础上提出了"创新 1+2+3+4+5 学生党员"培养工作法,旨在为高职院校党员学生的培养提供管理经验,但我们还需清晰地认识到当前高职院校学生党员发展中面对的压力和不足,例如高职院校存在学生党员在校时间短、专职党务工作人员少、监管机制不完善等问题亟待解决。

在今后的工作中,建筑工程系学生党支部将持续贯彻落实新时代党的建设总要求和组织路线,以党建为引领,党建带团建,运用新思想新理念应对变化、迎接挑战,充分发挥党组织的先锋模范作用,做好青年学生的思想教育和价值引领,为党育人、为国育才、筑牢立德树人根本任务,为国家潜心培养德智体美劳全面发展的社会主义合格建设者和可靠接班人。

"五力融合"守正创新[*]

——贵州轻工职业技术学院科研平台创新创业生态体系和文化建设案例

摘 要：以培育高素质技术技能人才为着力点，贵州轻工职业技术学院探索出"一个体系、三段四进、四轮驱动、多个平台"的创新创业教育人才培养模式，以科研平台作为重要引领，提升人才培养质量，不断推动创新创业文化建设。

关键词：科研平台；创新创业；文化建设

习近平总书记指出，中华民族是守正创新的民族，有着守正创新的传统，无论时代如何发展，我们都要激发守正创新、奋勇向前的民族智慧。党的十八大以来，党中央把创新的重要性提升到前所未有的高度，随着我国步入高质量发展阶段，新职业教育法落地，迫切需要提高高职教育学生适应产业发展能力，培育具备知识运用及创新思维、创造能力的新时代高素质人才。

贵州轻工职业技术学院按照"厚植创新创业土壤，成就学子人生梦想"的思路，全面推进创新创业工作，于2018年形成了"一个体系、三段四进、四轮驱动、多个平台"的创新创业教育人才培养模式。学院高度重视创新创业文化的培育，通过构建创新创业生态系统，促进培育创新创业物质文化、行为文化、精神文化，提升技术技能人才培养质量。

科研平台作为"产、教、研、创、学"一体化发展的核心单元，拥有一流的教师人才团队，配备齐全的实验、中试设备，同时作为专业实训中心、创新创业实训中心，有着技术钻研、突破创新的文化氛围。科研平台立足科研，凝聚学校、企业、学生、教师之力，"五力融合"创造了浓厚的创新创业文化氛围，实现了职业教育、专业教育、创新创业教育的有机统一。

---

[*] 本文作者：黄惠，贵州轻工职业技术学院辅导员。

学院先进电池与材料工程研究中心（以下简称平台）通过构建现代学徒制校企同地"双主体"实时共同育人模式，进一步深化以科研平台为桥梁，通过"教师、企业工程师/技师共进平台""学生进项目"的形式，以课程教材改革、创新创业/技能比赛、"1+X 证书"为培养载体，初步探索了科研与创新创业深度融合的现代学徒制创新机制，有助于促进科研平台"产、学、研、创"一体化发展，实现"双师型"专业教师队伍建设，进行"梯度化"的高素质技术技能人才培养。

一、以平台科研动力为引擎，聚合"校、企、生、师"四重力，充分发挥科研平台在学院创新创业人才培养系统基础中的决定性作用

（一）以科研平台为轴心，谋定而后动

先进电池中心研发人员现有 9 人，其中教授 2 人，副教授 2 人，讲师 4 人，博士 3 人，硕士 4 人，拥有较为齐备的材料分析检测、电池制备、电池梯次利用及回收等研发和中试设备。平台有三个研究方向，一是新能源材料与器件方向，主要研究正极材料和动力电池，中心胡敏艺博士主持"贵州省高等职业院校储能材料技术专业黔匠工坊"；二是石墨烯材料方向，主要研究石墨烯基电极材料及其电池，欧阳全胜博士主持"贵州省普通高等学校石墨烯材料工程研究中心"；三是废旧动力电池方向，主要研究废旧动力锂电池的梯次利用与资源化再生，由欧阳全胜博士主持"废旧动力电池梯次利用及资源化省级协同创新中心"。平台拥有高电压钴酸锂、高性能磷酸铁锂等正极材料制备技术、"大数据+动力电池"梯次利用技术、废旧动力电池资源化再生技术等，主要承担了机电工程系储能材料技术、新能源汽车技术专业的核心专业课程教学和实训工作。

平台成立之初，就确定了课题，项目选题来源于生产实践及教育教学需要，着力于技术的生产运用，并遵循广泛开展技术服务与社会服务的科研工作宗旨。平台科研人员通过定期下企业调研、到企业开展技术服务等方式，挖掘平台技术优势与企业技术难题的衔接点，共同提炼了新能源汽车退役动力电池梯次利用、退役动力电池资源化再生方面的课题，集成创新以服务新技术新经济发展。在学院国家优质校、"双高计划"内涵建设的外部目标要求和平台带头人、博士团队的科研内驱动力作用下，科研平台成了高职学校这台产、教、研、创融合发展体系组合"发动机"中的引擎。

（二）以校企合作企业为依托，互利而共赢

平台合作企业包括比亚迪汽车工业有限公司、吉利控股集团有限公司、

贵州长江汽车有限公司、奇瑞万达贵州客车股份有限公司、中伟新材料股份有限公司、振华科技新材料有限公司、贵州梅岭电源有限公司、贵安新区配售电有限公司、贵阳博亚机械制造有限公司等。在学院通过合作办学，共建校内实习工厂、校外实习基地等方式全面深度开展校企合作的背景下，2021年 400 多名新能源汽车、汽车检测与维修、储能材料、机电一体化技术大三学生到吉利控股集团有限公司、中伟新材料股份有限公司进行工学交替。

平台与企业互派专家，平台科研人员帮助企业参与地方标准制定，帮助企业开展设备研发、物资采购、产品升级、优化改造、培训等技术服务，并对企业申报科技项目、技改类项目及专利申请等提出业务咨询意见。

企业工程师进平台成为常态。科研平台具备产业技术研究的硬件条件是吸引企业参与学校人才培养的一个重要因素，企业工程师与平台保持长期联系，进行横向项目合作，通过视频会议、实地参与共同推进项目实施。企业工程师向学生和专业教师讲授新能源汽车技术、电池材料技术生产形式、工艺流程等，特别是产业新技术、新工艺、新技能。截至目前贵州长江汽车有限公司、中伟新材料股份有限公司、贵阳博亚机械制造有限公司、贵州遵义巴斯巴科技发展有限公司等企业的工程师先后实地走进先进电池与材料工程研究中心，参与学生、专业教师的技能培训、专业指导，参与新能源汽车技术专业建设、课程教材改革，并对储能材料技术实训平台建设提供意见。

（三）以创新创业学院为据点，根深而叶茂

在学院"三段四进"创新创业教育体系中，创新创业学院开设必修课对全体大一学生进行创新创业通识教育；科研处每年定期开展大学生创新创业训练计划项目申报，鼓励学生广泛参与技术、产品等创新创业活动；团委创新创业学院对参与创新创业项目、比赛的学生开设特训营，对项目团队进行一对一辅导。

创业老师走进平台，以项目培育的知识技能寻找技术产品实体，挖掘并共同打造双创项目。先进电池与材料工程研究中心集创新创业平台与实验实训平台功能于一体，给予学生及创业导师场地、资金、产品、技术多方面的支持。

（四）以专业教研室为对象，优评而提质

平台负责人同时担任新能源汽车技术专业带头人，企业工程师、专业教师共进平台，共同进行人才培养目标定位，共同参与专业建设。

紧扣新能源汽车技术专业产业链和专业发展需求，通过博士或教授团队和企业工程师对专业教师的培训，帮助专业教师参与并主持科研项目，提升专业教师实际操作技能，教学质量得以进一步提高。

（五）以学生兴趣社团为源头，星火以燎原

学生早进项目，变被动学习为主动创新。平台负责人欧阳全胜博士作为"莱特车队"社团的指导老师，聚拢并选拔了一批对新能源汽车相关技术挚爱的优秀学生。这些学生从大一开始就参与到平台的课题、项目及实验中，通过三年的培养，社团中40%的学生在校期间有收获省级以上赛事奖励。在大二的专业课教育教学中，平台又通过教学发现和鼓励学有余力的同学组成兴趣小组，参与平台科研人员的相关课题项目，安排储能材料技术大二、大三的学生参与正极材料制备、性能检测等实验。

图2 指导教师和"莱特车队"学生代表合影

比如在2018年的新能源赛车的创新设计项目中，通过这种模式的启发式教育，引导学生进行了新能源赛车创新设计，开发了高性能锂电池并应用于赛车。项目实施过程中，学生提出了多项创新，申请了一件发明专利（新能源电池接线设备）和一件实用新型专利（一种具有调整不良坐姿功能的汽车座椅），均获授权。这两项专利在比赛中获得国家级二等奖，研创融合效果显著。

二、平台立足科研、产教融合、推动创新，实现"产、学、研、创"一体化发展

平台近五年主持省厅级项目10项，企业横向项目2项。获国家发明专利授权3件，获国家实用新型专利授权28件。发表学术论文14篇，其中SCI收

录3篇，EI收录1篇。

参与贵安新区配售电有限公司主持的三项充电场相关贵州省地方标准拟定申报，联合贵阳博亚机械制造有限公司参与起草制定《剪切式破碎机企业标准》。与贵阳博亚机械制造有限公司共同开发了一种废旧动力电池资源化预处理及配套装备，帮助企业实现销售收入417.76万元，上缴税金40.60万元，净利润22.98万元。

图3　学生参加第七届贵州省"互联网+"大学生创新创业大赛决赛

2019年至2021年间指导学生获省级和国家级各类创新创业大赛、技能大赛奖项21项，多次获得"互联网+""挑战杯"等比赛省赛一等奖、国赛铜奖等。师生共同取得10余件国家专利授权和5项计算机软件著作权，24名学生获得免试专升本资格。

2018年新能源汽车技术专业教学团队成为2018年第一批省级质量提升工程项目团队。

通过在职业教育中构建创新创业生态体系，充分发挥科研平台的优势，促进多方凝聚共识，促进创新创业共同价值追求，结合学校和专业特色培养学生创新创业思维和能力，极大地提升了职业教育的人才培养质量，培育出了符合时代要求，具有创新创业能力的高素质创新性技术技能人才。

后疫情时代下贵州高职院校艺术专业大学生高质量就业策略研究[*]

摘　要：在"新冠疫情"影响下，由于市场主体受到严重冲击，导致劳动力市场供给方提供的岗位数量下降，需求方的选择面降低，出国留学暂缓，国内升学压力加大等，加重了整个社会的就业总量压力。本文基于实地走访、问卷及报告等形式的调研结果，进行数据分析，根据后疫情时代下贵州高职院校艺术专业大学生的就业现状、就业前景，从政府、学校、社会、学生等多个角度探索艺术专业大学生就业的策略，形成新的模式，从而优化就业结构，促使高职艺术类学生在各方支持与自身提高就业能力的基础上，实现更高效的就业。

关键词：贵州高职院校；艺术专业大学生；就业策略

后疫情时代，就业问题得到了党和国家的高度重视。面对就业难的局面，贵州省也出台了一系列促进就业的政策，确保就业工作稳步推进。各高职院校相继将就业问题的解决提到新的高度。在高职院校几个学科大类中，艺术类学科与其他学科有很大的不同，而这个学科在贵州的高职院校中的就业方面又具有特殊性：一是艺术专业本身就业面较窄；二是艺术学科学生文化基础知识较薄弱；三是贵州省的文化艺术产业相较于经济发达省份有一定差距，市场经济体提供的岗位数量有限；四是贵州高职院校的艺术类教育相较于普通高等院校在综合教育水平上还有一定的差距；五是省内大部分高职院校在对毕业生就业指导方面还需要加强，校企合作的方式单一，不够深化。因此劳动力供需不平衡、就业专业对口率低等问题仍存在。学生难以将自身投入的人力资源成本转化为有效收益，难以找到合适的工作，就业单位难以招聘到合适的人才，供需矛盾仍然存在。

---

[*] 本文作者：李翌婼，贵州轻工职业技术学院讲师。

一、后疫情时代下贵州高职院校艺术类大学生就业现状

一方面，随着省内疫情防控各项措施的执行，新形势下，近几年贵州高职院校的毕业生就业的专业相关度呈现下降的趋势，尤其是艺术专业的学生，不少艺术类毕业生选择批发零售业、服务业、住宿餐饮业等专业不对口的行业就业。另一方面，随着贵州部分高职院校的广泛扩招，高职院校毕业生数量也随之增长，叠加部分待业的往届毕业生，以及疫情时期从省外、国外反黔就业的毕业生，形成了较大的总量压力。根据最新的就业报告可知，2021届贵州省高校毕业生共计219626人次，比2020届毕业生增加17858人次，增幅8.85%。其中高职专科生的毕业人数达到122962人，比2020届增加了12130人，增幅为10.94%，而贵州省2021届本科毕业生的人数为89755人，增幅为5.98%。在毕业去向落实率方面，高职高专毕业生从2017届的93.05%到2021届的84.56%，总体呈现下降的趋势。就业市场上，相较于本科、研究生毕业生在学历上的相对优势，高职高专学生承载着巨大的就业压力。

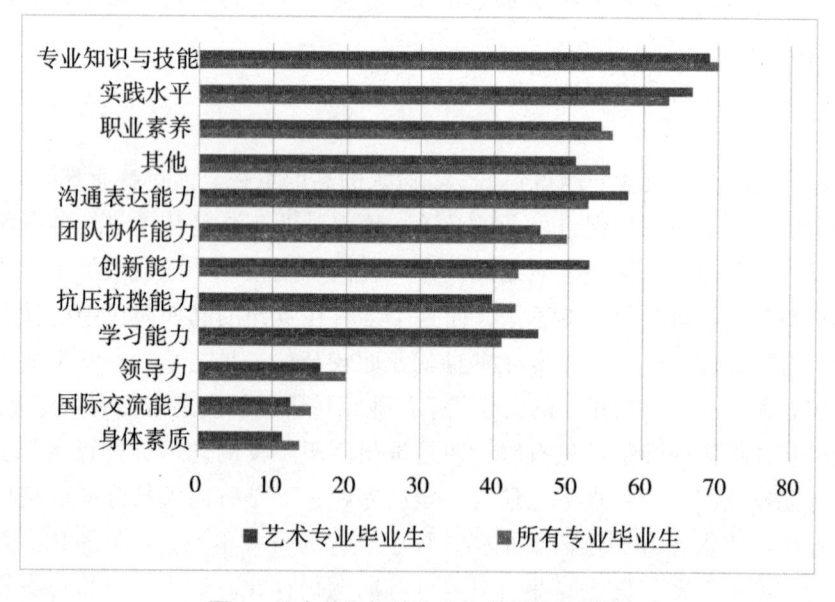

图1 用人单位招聘毕业生最看重的因素

本次调查针对多种类型的用人单位，包括国有企业、大型民营企业、中小型民营企业、政府机构、事业单位、个体户、外企、合资企业，通过网络点对点以及实地访问两种方式，对用人单位发放《用人单位需求意愿及用人

情况调查》问卷402份，收回有效问卷393份。调研对象以含艺术类岗位的中小型民营企业为主，调研发现用人单位对于艺术专业毕业生的能力素质方面最为看重的是专业知识技能、实践水平、沟通表达、创新能力和学习能力，是高校需要着重培养的能力。

后疫情时代，文化艺术产业市场低迷，受到严重冲击难以恢复到疫情前，因此，本来就少的艺术类就业岗位更加不能满足所有艺术专业毕业生的就业需求。市场招聘需求的下降，出现了一定程度的供需失衡，劳动力市场供大于求的情况仍然存在，对高职高专毕业生调研时发现，他们求职的时间相对较长，求职成本相对较高，部分学生长期处在求职状态，也有一部分学生处于失业状态。

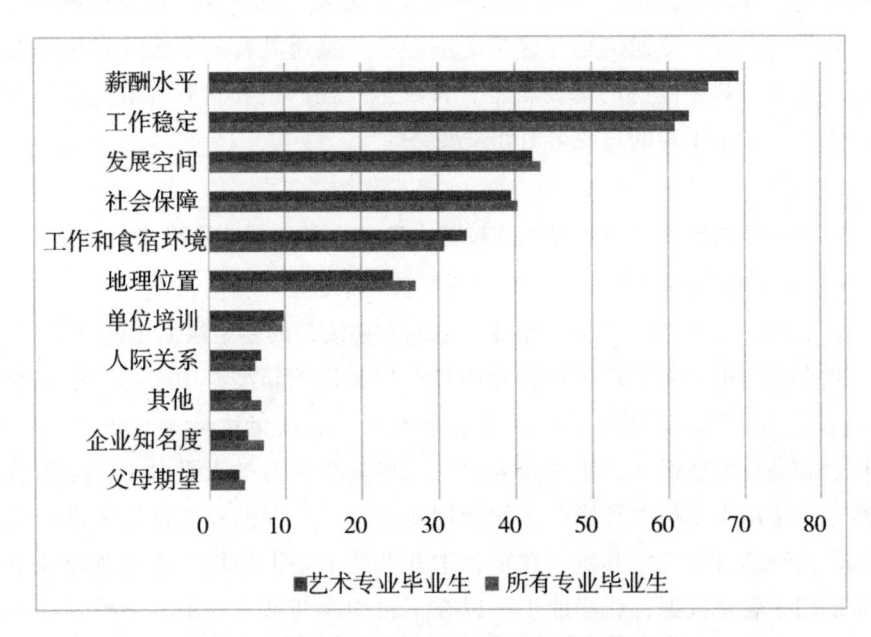

图2　艺术专业高职毕业生择业时最看重的因素

对省内即将毕业的2022届高职院校艺术专业大学生发放《高职毕业生就业意愿调查》问卷1028份，收回有效问卷897份。通过调查择业时的影响因素发现高职艺术专业学生在求职考虑的几个因素中，最为看重薪资待遇和工作环境、食宿条件，其次才是发展前景以及学习培训机会等。调查中，72%的毕业生希望薪资待遇在3000~6000元的范围，说明新时期高职毕业生能够基本把握初入职场的薪资要求，但同时也有4%的毕业生选择的薪资范围为1000~3000元，缺乏求职自信心。艺术类毕业生希望学校在求职前能够进行实用性高的就业创业技能培训，并且希望学校提供更多的就业渠道和升学指导。他们理想的工作是趋于稳定和高薪的工作，理想的实习单位是为政府机构、国企等比较稳定的单位。30.02%的毕业生迫于现实选择在不合适的岗位暂时就业，58.93%选择宁缺毋滥。调研中还发现，艺术类毕业生对自己的认识和评估存在一定的偏差，部分学生认为自己的校内获奖经历以及学生干部经历能够在就业上有很强的竞争力，但用人单位认为毕业生的专业知识与技能是最重要的，而校内获奖和学生干部等经历是次重要的。

二、后疫情时代下贵州高职院校艺术专业大学生就业前景

在政府、学校的共同努力下，各项稳就业的政策措施的实行以及新业态新职业的出现，给高职艺术类大学生的就业带来了新机遇，在乡村振兴、传统行业转型发展、非遗传承与保护等倡导下，贵州具有的多民族省份的资源优势、文化与数字经济的深度融合、大数据产业的蓬勃发展，给高职艺术类毕业生就业带来了新的就业渠道和发展路线。

三、后疫情时代下贵州高职院校艺术专业大学生就业策略

（一）后疫情时代下政府需搭建新型就业平台

1. 搭建好基于用人单位与毕业生双向意愿统计的新型数据化就业平台

教育部门可以先搭建好稳就业的具有权威性的新型专项平台，建立专门的 App 或小程序，运用大数据做好信息收集、信息交互与线上培训。首先，向社会和高校发送通知，邀请用人单位及毕业生注册加入平台中，运用后台大数据收集用人单位以及毕业生的使用轨迹，平台根据双方喜好来进行信息推送，实行信息交互。其次，在平台中开展线上培训板块，邀请教师及企业人事部门主管来授课，让毕业生可以在平台中参与就业培训，学校督促毕业生进行培训。再次，可以使用平台对用人单位的招聘意愿以及毕业生的求职意愿调查统计，并用以对双向意愿进行数据化匹配，将用人单位所提供的岗位详细信息以及毕业生的求职意愿和个人技能水平信息进行精准匹配，同时使用人单位与毕业生了解双方需求以及所提供的能力，这样就能方便用人单位快速招工，毕业生高效就业，能够大力缩减招工以及求职成本。平台需监管用人单位信息的真实性，利用政府就业平台的权威性，对用人单位进行筛选，排除不正当的就业单位。各高职院校监管毕业生技能信息的真实性，以班级为单位，以班主任、导师、辅导员为责任人进行监管，以实现双方信息的平衡与对等，建立一个具有可持续性的长效的就业新园地。

2. 引导好高职院校与普通高等院校、艺术类与非艺术类专业地位对等的意识转变

一方面由于高职院校地位低于普通高等院校的长期社会偏见存在，以及毕业生及其家长普遍追求白领岗位而较为排斥蓝领岗位，导致毕业生择业的时候倾向于选择文职类的岗位，即使文职类岗位的收入较生产类岗位低。因此提升高职院校的社会认可度成为高职毕业生实现高质量就业的关键因素。政府应继续敦促提高高职院校的办学质量，并提高职业本科的升格门槛，让高职及职业本科与普通本科的教育水平齐平，对学校硬件和软件方面的审核进行严格把关，确保职业院校的真实水平有更大的提升。运用媒体的引导作用，改变社会认为职业教育低人一等的思想观念，让技术人才地位提升。

3. 把握好后疫情时代的新形势、新业态，并与高职艺术类大学生就业进行有效链接

艺术类大学生由于专业的特殊性，属于创新型人才，能够更好地适应疫情后的社会变革，疫情催生了网络直播、网上教学、自媒体营销等的兴起和发展，为新媒体艺术、网页设计、H5 页面设计、自媒体店铺设计等艺术类专业领域的就业提供了更为广阔的就业途径，因此政府应鼓励高校就新兴领域需要掌握的新知识、新技能进行相应的课程调整，与信息时代的发展趋势接轨。

4. 搭乘好后疫情时代乡村振兴战略的快车，乡村振兴的实行和推进给毕业生带来了新的就业岗位

政府应支持设计类艺术生参与特色农产品的产品造型设计、包装设计、店铺形象设计等。动漫、传媒、音乐、舞蹈类专业可以利用专业优势，通过乡村为提升产品知名度所采用的数字影视宣传、音乐乐曲宣传、平面广告宣传、旅游宣传等产品宣传新形式，利用专业知识满足宣传需求，实现自己在专业上的价值。

5. 维护好后疫情时代毕业生创业热潮的热度

贵州省对于毕业生创业进行了较大力度的支持，在这个基础上，除了发放创业类补贴和小微企业的减免政策外，对于创业成功者应及时给予奖项和奖金的鼓励，对于创业失败者，也给予一定的补助，避免因创业而致贫的情况出现，也能够激励更多的有能力但没有经验的毕业生创业。另外，应鼓励艺术专业高职高专教师就自己所教学的专业进行创业并给予适当的支持。艺术类专业更需要与时俱进，需要学生实时掌握最新资讯，而教师在给毕业生提供更多的就业岗位的同时也能够使教师获得更多的与市场接触的机会，更

好地了解艺术市场一手信息，在课堂上进行传输，有利于解决毕业生毕业时与市场脱轨的问题。贵州高职教师很大一部分存在缺乏新知培训、职业倦怠的问题，而基于本专业的创业不仅能够拓展就业岗位，也能提升自身的能力，从而促进教学。高校对于教师的教学要求和科研要求不变，创业的教师基于自身能力进行选择，在做好教学、科研的基础上创业。

（二）后疫情时代下的新市场供需机制及岗位拓展

后疫情时代，一些大型企业设置用于稳就业的新型岗位，如盒马开创"共享员工"就是一个可贵的创新。受"疫情"的影响，兴起了许多互联网新业态，企业也开拓了更多的线上业务，如线上看房、在线教育、线上医疗、线上娱乐等，线上购物热度进一步膨胀，随之而来也产生了很多新职业，如网络营销师、电子数据分析师、金融顾问等。这些基于新业态的新岗位有很高的技术含量，也非常适合高职院校的毕业生。企业应该紧跟潮流，改革一些不适应时代发展的产品或模式，做好调研，抓住消费者需求的动态转变以便自己立于不败之地，进而也能为社会创造更多的就业岗位。新时期消费者对于产品的审美要求又有了一定的提升，不论是实体产品还是虚拟产品都需要艺术专业的技能人才进行创新的设计，才能提高产品的市场关注度，高职院校的艺术生应顺流而上，抓紧机遇，将所学的技能应用到市场中去创造价值。

一部分能力较强的毕业生，可以根据自身的条件和资源，选择成为创业者和自由职业者，为社会提供创意产品，将专业技能转化为产品最终形成收益。作为本土的艺术专业毕业生，熟悉贵州文化，应努力传承贵州丰富的民族文化宝藏并挖掘民族元素用于创作中，为社会提供个性化产品和服务。

（三）后疫情时代下的社会媒介就业传播新途径

后疫情时代下线上经济的爆发使各种新的社会媒介出现并发展，抖音、哔哩哔哩、快手、小红书等平台异军突起，将这些大学生感兴趣的新兴媒介运用在促进就业方面，能够取得更好的成效。高职院校以及系部可以在平台中进行就业指导，通过短视频的方式展现求职的注意事项，也可以进行招聘信息的宣传和学校就业之星的经验分享等。此外，道德素养、心理调适与训练、就业适应性培养都可以通过短视频的方式来呈现。

（四）后疫情时代下高职院校艺术专业以就业为导向的新课程体系建设与校企合作新模式

高职院校除了顺应贵州省的号召搭建"云就业"平台，开启"云招聘"以外，还应以改革人才培养系统、改进校企合作模式、加强素质教育、完善就业创业指导评估体系等方式继续推进就业工作，从而解决就业问题。

1. 高职院校应根据时代发展趋势调整艺术专业人才培养方案与课程体系

高职院校教师因教学与科研等压力，与企业交流合作较少，缺乏对市场岗位需求的把控，导致课程内容与企业需求有所脱节。教学部门与就业部门应开展协作探讨，结合疫情时代催生的新业态、新职业，以及文化艺术产业的未来发展趋势等，重新制定艺术类各专业人才培养方案和课程实施方案，将传统行业数字化转型、文化数字科技、非遗文化资源再生、文创联名设计、文化服务等新趋势产生的就业岗位作为课程中培养目标的组成部分，并敦促教师按有利于新就业趋势的方向去开展教学。

2. 高职院校应制定更加深度的校企合作新模式

虽然高职院校都在积极地与企业开展校企合作，但还是出现合作程度不够深入、合作模式不够多样、合作内容不符合学生发展意愿等问题。首先，高职艺术专业应根据时代新变化开展与企业的深度合作，完成对学生的定岗输送。其次，学校应从多个维度与企业开展合作，或可以与多家企业进行不同方式的合作，而不是局限于某家企业所缺的岗位开展合作。在大三阶段，可以让毕业生以项目研究的方式完成毕业设计，提高思维深度与高度，利用企业资源形成产品，真正做到学以致用。再次，学校让学生具有一定的选择权，可以在多个不同的岗位中选择符合自身能力和喜好的岗位进行深入学习，这样也能够让学生在校内提前获得工作经验，可以解决企业所担心的学生缺乏工作经历的问题。企业提供的岗位也不能是劳动密集型的低技术含量岗位，而是有发展前景的，能够提升学生专业技能、学习能力、创新能力等的岗位。

3. 高职院校应重视加强学生综合素质的教育，深化内涵建设

调研中发现，高职院校学生素养的缺失问题给企业带来了一定的困扰。高职院校注重技能的培养而在综合素养的培养方面还存在很大的问题。首先，院校要加强教职工思政教学能力的提升，每个学科的思政融入方式大有不同，应按学科推选出最优秀的案例，据此开展思政教学方式方法的交流、培训，并大力敦促教职工实施，确保思政内容真正融入课堂。其次，贵州尚属教育欠发达省份，高职学生中的艺术类学生进校文化分数较其他专业低，显现出文化素养的不足，其根源源于从小到大的成长环境和所受教育的长期影响，因此要培养有良好综合素养的学生并非一朝一夕，需要开展大量的工作。一是学校要营造良好的校园文化环境，通过学生喜欢的活动方式来塑造良好的校园文化氛围，如鼓励协会开展丰富多彩的活动宣扬正能量，同时提升学生的人际交往力和领导力，艺术专业的学生可组织唱歌、跳舞、小品、主持人

比赛等艺术活动，在艺术表演中渗入对于综合素养培育的内容，利用学生参与积极性高的活动全面提升素养。二是组织社会实践以及志愿者服务活动，激发学生向社会做奉献，改变他们大多数固有的"个人利益大于集体利益"的错误观念和行为，倡导"集体利益高于个人利益"的大局观。

4. 高职院校应该设立更加完善的就业创业指导评估体系

虽然高职院校积极推进招聘、签约等一系列服务帮助大学生就业，但就业体系的构建还需要更加扎实和细化，完善以就业为导向的新课程体系建设，细化分专业就业指导和评估体系。首先开设创新形式的就业指导课程、组织实践，利用校企合作的平台，开展实景培育。在课程中，企业教师可引导学生采用角色扮演的方式，体验求职的实际过程，包括投递简历、面试等，体验各种类型的岗位的工作情况，以及公司管理人员的工作场景，从而把握管理层的心路历程，真切地进行换位思考，真正地了解岗位的实际情况和所需的能力素养，这种新型课程有利于学生根据自身的喜好和优势来选择最合适自己的岗位。其次，就业指导教师进行单独指导，包括指导学生建立明确的职业目标和职业规划，指导学生求职或制定创业可行性方案，学校对指导效果进行评估并反馈给指导老师进行改进和加强。再次，以赛促就，加大创新创业等就业创业比赛的覆盖面，给予指导老师以支持，激发指导老师组织更多的团队参赛，锻炼学生的就业创业能力。

（五）后疫情时代下艺术专业大学生就业能力提升

后疫情时代就业压力较大的情况下，毕业生应转换思想观念，以职业目标为导向来进行就业，选择具有发展前景的就业岗位，但是同时也要兼顾就业成本问题，应选择先就业再择业，加强自身知识技能后在不影响用人单位情况下，再行更换实习岗位。

艺术类大学生，尤其是艺术类高职院校的大学生，具有理论基础薄弱、文化修养薄弱、逻辑思维能力较欠缺的问题，但由于受到系统的艺术性训练，普遍具有思维活跃、乐于接受新事物、敢于创新的性格特点。他们应该从入校时候开始，就需要加强专业技能的学习，积极参加专业类的比赛，关注市场上人才需求的动态信息，并锻炼可以准确进行自我评估的能力；也应积极参与协会活动、社会实践、志愿者活动，学习礼仪，提升沟通力、学习能力、团队协作力、抗压能力、领导力综合素养；还应运用思维优势，把握文化艺术类产业数字化转型升级的趋势，探索新思想、新观念，敏锐地接收新技术、新发展，以在就业市场上立于不败之地。

后疫情时代，在政府、市场、社会媒介、高职院校、毕业生各方的共同努力下，一定能够使高职院校艺术专业学生就业难问题得到解决，各方发挥自身的优势，推动实现高质量就业，为社会发展提供源源不断的人才资源和动力。

参考文献：

[1] 李兰兰，张伟华. 新时代高职院校大学生综合素养提升的策略研究 [J]. 科学咨询（科技·管理），2021（9）.

[2] 2021届贵州省普通高等学校毕业生就业质量年度报告 [R]. 贵州省普通高等学校毕业生就业工作办公室，2021.

[3] 路芳. 贵州省高职教师教学现状的调查研究 [J]. 职业教育研究. 2017（10）.

[4] 朱可成. 高职院校艺术类大学生就业现状与对策研究 [J]. 当代教育实践与教学研究，2015（4）.

[5] 李娟娟，李倩倩. 艺术类跨专业研究生培养教育模式探索 [J]. 戏剧之家，2019（32）.

第四篇 04

活动案例

基于"专职为主+兼职为辅+其他补充"的班级管理改革模式探索与实践[*]

——贵州轻工职业技术学院"全员育人"之班级管理改革工作案例

2021年2月3日至5日，习近平总书记到贵州视察时对贵州教育工作做出重要指示，指出要把教育作为事关长远的事办好，全面贯彻党的教育方针，落实立德树人根本任务，加强学生的政治引领、思想引领、价值引领、品德引领，引导学生树立正确的世界观、人生观、价值观，做社会主义事业的合格建设者和可靠接班人。

贵州轻工职业技术学院深入学习领会习近平总书记重要指示精神，牢记殷切嘱托感恩奋进，全面推动实施"三全育人"综合改革，以学生学习成长最关键的班级管理改革为切入点深化"全员育人"的探索与实践，努力开创大学生思想政治教育和管理服务工作的新局面。

一、案例背景

贵州轻工职业技术学院现有在校学生15000余人，设立自然班级222个，有专职辅导员80名，班级导师（班主任）89名，学长助理197名。辅导员、班级导师（班主任）是面对面做学生工作，履行大学生思想政治教育和管理服务的一线人员，在学生的成长成才中发挥着积极作用。但是，新时期的大学生表现出许多新情况新特点，尤其是进校文化基础薄弱和学习习惯相对较差的高职院校学生，其思想政治教育和管理服务工作面临的新问题、新挑战较多，思想政治教育和管理服务工作必须紧跟时代步伐，紧贴青年实际，围绕青年需求，切实解决青年大学生成长成才面临的现实问题。

传统的辅导员、班主任双线管理模式在长期的教育实践中遇到了新问题、

---

[*] 本文作者：袁馨，贵州轻工职业技术学院党委学生工作部（学生工作处）处长。

新挑战。比如：辅导员、班主任普遍存在职责不清、边界不明、忙闲不均、越位缺位、配合不力、功能削减、效率低下等问题和矛盾，不利于辅导员、班主任等学工人员朝着专业化、职业化的方向发展，也不利于集中优势力量更好地服务学生学习成长。辅导员应做好新形势下的大学生思想政治教育和管理服务工作，需要推进班级管理模式改革推动守正创新，推动落实"全员育人"要求，积极适应新形势下的青年大学生成长成才需要，着力培养"强国有我"的"大国工匠"和德智体美劳全面发展的时代新人。

二、案例实施

贵州轻工职业技术学院认真总结分析研究大学生思想政治教育和班级管理工作中存在的问题和不足，结合学院辅导员、班主任的工作实际，积极探索实践"专职为主+兼职为辅+其他补充"的高职学生班级管理模式改革，按"3+3+3"的创新模式全面推动班级管理改革措施落地见效，即健全"三项制度"+策划"三套方案"+建强"三支队伍"。

（一）健全"三项制度"

一是根据中央、省委、省委教育工委意见要求和学院第二次党代会精神，结合实际及时修订了《贵州轻工职业技术学院辅导员队伍建设管理办法（修订）》，进一步明确辅导员的主责主业和考核待遇，全面深入落实《普通高等学校辅导员队伍建设规定》（教育部令第43号）和《关于新时代学校思想政治理论课改革创新的实施意见》（黔党办发〔2020〕35号）要求，加强大学生思想政治教育和管理服务工作。

二是每年修订制作发放涵盖"《普通高等学校学生管理规定》（教育部令第41号）等上级法规制度，校内日常管理，学生资助、奖励、处分，学生组织及课外活动，学生事务办理工作流程"等五大部分，近50个管理制度、30个学生事务办理工作流程的《贵州轻工职业技术学院学生手册》。

三是制定了《贵州轻工职业技术学院班级导师实施办法（试行）》，明确班级导师的工作职责、管理考核、待遇落实等工作机制，为顺利实施班级管理改革提供政策依据和强化制度保障。

（二）策划"三套方案"

一是制定了《中共贵州轻工职业技术学院委员会关于进一步加强和改进新形势下思想政治工作的实施方案》，结合新形势新要求对学院思想政治工作做整体规划部署，重点加强大学生思想政治教育和管理服务工作。

二是在原班主任管理模式的基础上制定出台了《贵州轻工职业技术学院

学生班级管理工作改革实施方案》，对班级管理由辅导员、班主任双线管理的传统模式创新过渡到以"辅导员为主+班级导师为辅+学长助理及其他学生干部为补充"的管理新模式。

三是各系（院）制定了班级导师管理实施方案，具体落实班级导师聘任使用、管理考核、奖惩待遇等相关工作。

（三）建强"三支队伍"

学院加大人才招聘和院内人力资源整合力度，建强以"辅导员为主+班级导师为辅+学长助理及其他学生干部为补充"的三支大学生思想政治教育和管理服务工作队伍。

一是以专职为主，严格按照 1∶200 的师生比配齐建强专职辅导员队伍，学院现有在校生 15224 人，专职辅导员 81 人，生师比为 1∶188。

二是以兼职为辅，动员具备相关专业特长的专业任课教师及相关管理人员，原则上按照 1∶200 的比例配备班级导师，现有班级导师 89 名，下一步将根据工作需要灵活选配并强化突出。

三是以学长助理和其他学生干部队伍补充，从高年级中选聘优秀学生干部作为学长助理，建立班级学长助理队伍，明确相应的职责任务并落实管理考核和相关待遇。按照每个自然班级 1 名学长助理安排配备，经系（院）考核合格的学长助理每月计发 150 元的通话资助费用，同等条件下在入党推优、评优评先等方面优先推荐；同时充分发挥其他班、团学生干部的自我教育、自我管理、自我服务功能，让学生在朋辈互助、示范引领和参与管理中受教育助成长促发展。

三、案例成效

贵州轻工职业技术学院探索实施以"专职为主+兼职为辅+其他补充"的高职院校班级管理模式改革，在原有传统班级管理模式的基础上实现了五大突破，取得了显著成效。

（一）明晰职责，清除积弊

学院以教育部 43 号令为基本遵循，从体制机制上进一步明确了辅导员和班级导师（班主任）的工作职责，使其工作相对独立又密切配合，最大限度避免职责交叉和权责不清，从根本上消除了传统管理模式中暴露出来的出现管理真空地带、遇到问题矛盾推诿扯皮、工作效率低下等问题。

（二）优化配置，整合资源

从持续深入推进"全员育人"的视角，充分发挥学工干部和专职辅导员的主体作用，班级导师（班主任）的辅助功能和学长助理及其他学生干部的工作补充，全员全方位多层次推进大学生思想政治教育和管理服务工作，构建了全员参与一体化育人的工作格局。

（三）发挥功能，服务学生

班级管理模式改革实施以来，辅导员、班级导师（班主任）、学长助理及相关学生干部能够按照自己的目标任务相对独立且灵活自主地履行教育管理职责，同时又能加强配合相互融通实现优势互补，调动了工作积极性，充分发挥了教育管理服务和学生自我管理的多重功能，更好地服务学生健康成长成才。

2022年以来，辅导员、班级导师指导学生参加各类比赛获省级以上奖项100余项，包括2020年智海全国高校技能大赛人工智能技术服务赛项团体二等奖，2021年全国行业职业技能竞赛大数据分析师赛项三等奖，以及10余项贵州省职业能力大赛一等奖，并被推荐参加全国职业能力大赛，取得了令人瞩目的成效。

（四）守正创新，适应发展

班级管理模式改革是全面贯彻落实党的教育方针，坚持社会主义办学方向，按照为党育人、为国育才的总体要求，更好地落实"立德树人"根本任务的基础上实现守正创新的探索实践，遵循了新时期大学生成长发展规律，打破了因循守旧的藩篱，推动了大学生思想政治教育和管理服务工作积极适应新发展的需要。

（五）打造特色，提质升级

学院坚持以习近平新时代中国特色社会主义思想为指导，全面落实"立德树人"根本任务。按照学院第二次党代会提出的坚持立德树人"一个根本"，实施治理体系和治理能力提升、高水平师资队伍建设、高水平人才培养的"三大计划"，提升内部质量保障能力，打造"质量轻工"、提升办学层次和产教融合水平，打造"技高轻工"、提升科学研究和社会服务能力，打造"大地轻工"、提升校园数字化水平，打造"数字轻工"、提升国际化办学水平，打造"开放轻工"、提升校园文化品质，打造"美丽轻工"、提升师生获得感幸福感，打造"幸福轻工"的"七大提升"，奋力打造高等职业教育"贵州轻工"品牌的远景目标，紧盯学院"提质培优"和"双高建设"、筹建职业本科等具体目标，高起点高标准谋划"十四五"思想政治教育工作，努力打造与高质量发展相适应、以"理想引领、文化浸润、明德铸魂、项目推动、精技强身、全面发展"为核心的思想政治工作"贵州轻工"品牌的深入实践。

赓续红色血脉，传承红色文化[*]
——以贵州轻工职业技术学院"传承红色·魅力青春"文化活动月为例

贵州轻工职业技术学院坚持以"立德树人"为根本任务，以"点燃校园、照亮梦想、美美与共、和合促改"为主题，依托"一系一品"，着力打造"传承红色·魅力青春"和"技以载道·匠心圆梦"两个文化活动月特色校园文化品牌。其中"传承红色·魅力青春"文化活动月由团委牵头，已持续开展了四届，形成了特色鲜明的校园文化活动，师生文化自信更加坚定。

一、案例背景

随着时代的发展，文化日益多元，各种思想交流碰撞。在此背景下，青年大学生极易出现思想困惑与精神焦虑，而且容易被拜金主义、利己主义等错误思想影响。因此，新时代背景下丰富青年大学生的精神世界，培育其文化自信，是需要抓紧落实的重要任务。红色文化是我国独特而又珍贵的资源，将红色文化与高校育人体系相融合，有利于提升大学生的文化自信。基于此，贵州轻工职业技术学院就如何将红色文化与育人体系融合展开了探索和尝试。

二、工作思路

为激励和引导学院广大青年学生大力弘扬爱国主义精神，高举中国特色社会主义伟大旗帜，深入学习贯彻习近平新时代中国特色社会主义思想和党的十九大精神，着力深化党的基本理论、基本路线、基本方略教育，着力深化党史、国史、社会主义发展史和中国青年运动史教育，着力深化国情形势政策和发展成就教育，贵州轻工职业技术学院自2019年起围绕"强化主题宣讲、强化仪式感召、强化榜样带动、强化网上引领、强化文化熏陶、强化实

---

[*] 本文作者：周菀娇，贵州轻工职业技术学院团委办公室主任。

践锻炼、强化氛围营造"已持续开展四届"传承红色·魅力青春"主题文化活动月系列活动，将红色文化与高校育人体系相融合，引导广大青少年赓续红色血脉，传承红色文化，打造轻院文化品牌。

三、实施过程

（一）高度重视，加强领导，确保各项活动顺利进行

为加强大学生思想政治教育，以校园文化建设工作为抓手，学院党委、行政对"传承红色·魅力青春"文化活动月的各项活动高度重视，成立了组委会。组委会由学院党委书记、院长任组长，其他院领导为副组长，党委学生工作部（学生工作处）、院团委、各系党总支等部门负责人为成员。组委会下设办公室，办公室设在院团委。"传承红色·魅力青春"文化活动月由学院党委安排组织，坚持按照统一领导、分工协同、扎实推进、百花齐放的原则，制定了"传承红色·魅力青春"文化活动月的实施方案，按照实施方案扎实有序地开展各项活动。

（二）宣传到位，保障经费，营造良好的校园文化氛围

为了将文化活动月打造成文化盛宴，确保各项活动的顺利开展，学院设立活动专项经费。为鼓励全体同学积极投身到文化活动月中来，活动期间，学院充分利用院报、院广播站、宣传橱窗等校园媒体进行宣传。活动期间，对活动预告、开展过程实时报道，对校园活动的宣传和交流起到了积极的作用。同时，积极运用微信公众号平台、抖音等新媒体进行宣传，有效地吸引了同学们的注意力，取得了良好的效果。

四、经验做法

（一）选树典型，表彰先进，强化榜样的力量

贵州轻工职业技术学院"传承红色·魅力青春"文化活动均以纪念"五四运动"开展表彰活动作为开幕，表彰上一年度培育的"五四红旗团总支""特色团支部"和上一学年评选的"优秀团支部""优秀团员""优秀团干部"，四年来累计表彰1000多个集体和个人，在全院掀起了学习榜样的热潮。

（二）思想引领，服务青年，筑牢理想信念之基

"传承红色·魅力青春"文化活动期间开展线上线下"团的知识培训班""青春心向党·建功新时代"微团课竞赛、"我和团旗合个影"摄影活动、"团旗下的演讲"主题演讲比赛、"五四精神 传承有我"主题团日活动评比，充分发扬了"党有号召、团有行动"的优良传统，进一步强化思想引领，

服务广大青年。

(三)特色鲜明,精彩纷呈,激发社团育人潜力

"传承红色·魅力青春"文化活动期间开展社团文化节是学院的"规定动作",学院39个社团在团委的统筹和社团指导老师的指导下,根据各个社团的特色,集中组织开展形式新颖、富有时代气息的社团文化活动,让广大师生特别是青年学生便于参与、乐于参与、主动参与。举办党的知识竞赛、现场书法展示、党旗合影、向祖国表白、校园马拉松等系列主题文化活动,充分展示爱党爱校、昂扬向上、健康文明、丰富多彩的校园文化,激发社团育人的潜力。

(四)以劳树德,以劳育人,开辟文化育人新阵地

为了进一步推进学生思想政治教育工作进宿舍,促进学生宿舍文化建设,陶冶学生情操,营造安全、卫生、文明、和谐的育人环境,由党委学生工作部(学生工作处)牵头举办宿舍文化节,文化节期间开展拔河大赛、室友乒乓球双打比赛、宿管员体验、党史名词竞猜挑战、宿舍梦想秀、广场舞大赛、"寓尚"大闯关、"寓尚"团队马拉松等活动。一窗一室抓规范,一点一滴促养成。通过宿舍文化节的集中学习交流和动手实践,使学生在宿舍文化的熏陶感染下,更加重视内务规范,弘扬劳动精神,增强劳动观念,养成良好的劳动习惯,在综合素养不断提升中走向更广阔的劳动舞台,为自律自信、匠心筑梦的美好未来赋能。宿舍文化节的开展为育人开辟了新的阵地。

(五)"轻"心相伴,关爱成长,发挥心理健康教育帮扶作用

为全面做好学生心理健康教育工作,学院开展了演绎红色经典心理情景剧活动、"青春心距离"心理访谈直播活动,其中心理情景剧活动凭借深入人心的故事情节和生动形象的演绎,让学生掌握了面对常见心理问题的处置方法。心理访谈直播活动通过网络直播,以访谈的形式邀请校外嘉宾在线为即将返校的学生作相关的心理疏导,针对学生提出的疫情期间存在的心理问题进行解答,并就"新冠肺炎疫情下大学生心理健康的促进方法""疫情防控工作中如何用沟通进行情绪疏导""返校期间辅导员的情绪压力管理""学生返校后的宿舍关系营建"等问题提出建议。心理健康教育帮扶为学生的成长成才保驾护航。

(六)立足岗位,学史立行,切实为青年做件事

为深入学习贯彻习近平总书记在党史学习教育动员大会上的重要讲话精神,进一步激发学院活力,提升青年教师及学生的归属感和幸福感,通过开展"权益直通车""法制零距离"邀请贵州师范学院夏卉芳副教授为学院学

生做《大学生两性安全与预防艾滋病教育》专题知识讲座、邀请国家高级美容师张逸瑾老师为学院学生做"职业妆容"主题讲座，力所能及地为身边的青年做看得见、摸得着的实事。

五、经验总结

（一）尊重学生主体地位，落实"立德树人"根本任务

作为高职院校，学院提出"文化浸润技术，理想托起技能"育人理念，以"传承红色·魅力青春"文化活动月为抓手，开展学生喜闻乐见的活动，如"我和我的祖国"主题快闪活动、"忆党史，颂党恩"红歌快闪活动、"团旗下的演讲"主题演讲比赛、"同心家国·筑梦轻院"经典诵读活动、"红歌嘹亮·唱响青春"校园歌手大赛、"感恩新时代"微博微信征文比赛、"传承红色·魅力青春"线上运动会、"百年恰是风华正茂"红歌合唱比赛、"永沐党恩不忘初心"红色文创作品大赛暨作品汇报展、"小伙伴说四史"活动、"学党史，颂英雄"主题朗诵比赛、"讲述红色故事·传承红色基因"主题讲演比赛、"牢记初心使命　奋进复兴征程"电影展播活动……在活动开展前广泛征求学院师生的意见，充分尊重学生主体地位，寓教于乐，促进学生德、智、体、美、劳全面发展。

（二）树立校园文化品牌创建意识，夯实文化活动品牌的内涵及功能

"传承红色·魅力青春"文化活动月在"一系一品"的基础上，进一步依托社团文化节、宿舍文化节、心理健康活动月等打造了社团文化品牌、宿舍文化品牌、心理健康文化活动品牌，强化了校园文化品牌创建意识，轻院校园文化内涵进一步得到夯实。

（三）技能与人格提升并重，促进学生全面发展

尽管高职院校的工作重心向来都是以提高学生的技能为主，但学院坚持将技能与人格提升摆在同等重要的位置，在活动月期间开展高雅艺术进校园、传统文化进校园、"笔墨中国·印记中国"书画篆刻大赛等活动。广大青年在传统文化的熏陶下，心中播下传统文化的种子，提高了学生的人文素养，提升了学院文化品质，增强了文化感染力，更加坚定了文化自信。

贵州轻工职业技术学院将持续开展"传承红色·魅力青春"文化活动月，下一步学院将提高精品意识，在活动设计策划上更加注重人文精神与工匠精神的结合，着力打造"红色传承·魅力青春"文化活动月特色校园文化品牌，使之能走出轻院，走上更高的舞台。

统战文化品牌的打造[*]
——以贵州轻工职业技术学院"石榴籽"课堂为例

统战文化是统战工作的重要组成部分，也是校园文化不可或缺的部分，要挖掘出统战文化的作用和优势，才能充分发挥好统战工作的凝聚力，进一步丰富完善校园文化建设。统战力量的凝聚就是要充分利用好统战人士的优势和力量，促进思想上同心同德、目标上同心同向、行动上同心同行。贵州轻工职业技术学院党委统战部通过组建统战人士服务团，以"石榴籽"课堂的打造，将学院统战人士聚合起来，将统战工作融入了教育教学、课题实践、阵地建设、育人氛围等之中；以"石榴籽"课堂为媒介搭建统战工作的别样平台，拓宽了学院统战工作新思路，形成贵州轻工职业技术学院统战文化品牌。

一、以党的领导为基石，凝聚统战人士力量

统一战线工作的首要原则是始终坚持中国共产党的领导，学院党委深入贯彻落实习近平总书记关于加强和改进统一战线工作的重要思想、习近平总书记关于加强和改进民族工作的重要思想，找准统战工作发力点，凝聚力量，担当作为。党委统战部组建了统战人士服务团，聚集学院统战人士70余人，开展"石榴籽"课堂公益教学系列活动，以习近平新时代中国特色社会主义思想为指引，努力创新统战工作方式方法和载体，不断提升党外知识分子思想政治工作成效，为学院高质量发展深化思想共识，汇聚智慧力量。

二、以乡村振兴为引领，增强教育教学效力

教育作为乡村的重要支柱，是乡村振兴的重要一环。为汇聚统战力量，

---

[*] 本文作者：余独醒，贵州轻工职业技术学院党委宣传部（统战部合署）统战科科长。

助力乡村振兴，党委统战部找准学院乡村振兴战略与统战工作的结合点，强化组织建设，结合自身优势，激发统战活力，凝聚强大发展力量，为推进乡村教育振兴助力。"石榴籽"课堂设立在贵州轻工职业技术学院帮扶村、帮扶县各小学开展，每月组织统战人士代表赴帮扶点授课，统战人士将自身专业优势和当地小学生教育教学所需相结合，开设帮扶小学无条件设立的课程内容，通过课堂教学持续丰富帮扶村少数民族儿童趣味教学、健康科普、文体活动等课程内容。贵州轻工职业技术学院统战人士服务团目前已开展五期教学课程，通过走访调查、课程设计、实地教学，以真实、贴切的教学内容提升教育效果，激发学生在学校学习过程中对乡村情感、美育教育、民族团结、爱国情怀的共鸣和价值认同，深受帮扶村少数民族小学生的喜爱。

三、以考察调研为导向，丰富统战课题实践途径

学院党委统战部坚持以习近平总书记关于加强和改进统一战线工作的重要思想为指导，坚持目标任务导向、基层问题导向、实践创新导向，紧扣新时代统一战线新使命，聚焦基层统战实践新任务，通过实地考察调研，全面推动学院统战理论课题新突破。学院统战人士服务团在开设"石榴籽"课堂帮扶县、村开展考察调研，多次前往台江县中等职业学院、方陇村、古街区民族民间工艺展厅、柳堡村、乃寿村、瑶山村、尧古村、德门村等地，针对瑶族特色旅游产业发展、罗汉果基地种植、古村落保护振兴等问题研究对策。学院统战人士结合实际调研，不断丰富统战科研实践途径，其《高职院校统一战线推进乡村全面振兴工作机制研究》《统一战线在推进国家治理体系和治理能力现代化中的作用及工作创新思考》等研究课题获得省教育厅统战理论成果优秀奖。

四、以实践基地为载体，强化统战文化阵地建设

统战实践基地是学院、统战人士与社会沟通交流的一座桥梁，校内外实践基地建设有利于团结统战力量，充分发挥统战阵地作用，为统战人士实践交流提供平台，对于统战人士加强实践教学，提升创新精神、实践能力、社会责任感有着重要作用。贵州轻工职业技术学院通过"石榴籽"课堂打造，开始探索创建统战实践基地，在帮扶村少数民族小学建立"铸牢中华民族共同体意识教育实践基地""统战实践交流基地"等统战实践基地，并依托已建立的实践基地，将以往"蜻蜓点水式"的活动交流变成"基地定点式"，定

期在基地内开展各类活动，用好用"活"阵地，并以点带面，增强实践基地辐射带动作用，如搭建的统战实践基地除承担学院统战人士实践教育任务外，还向其他高校统战人士开放，不断丰富基地实践活动形式，扩大基地的影响力。

五、以宣传为手段，增强统战文化育人氛围

贵州轻工职业技术学院统战宣传等部门共同搭建有效的载体，探索成立的统战服务团，依托各类平台通过统战文化的报刊专版、微信专栏、抖音短视频等特色内容，充分展示了校园文化、民族团结和统一战线的思想精髓。依托"石榴籽"课堂打造，构筑起师生共有的和谐精神家园，以推进民族团结为契机，充分发挥各民主党派、无党派人士等团体的作用，借助新闻媒体和互联网等现代传媒优势，组织开展好统战文化的传播工作。同时，通过举办交流研讨、知识讲座、专题培训、印制宣传品等形式，大力开展统战文化理论普及和教育活动，促进统战文化的传播与交流，增强统战文化的亲和力、感召力、吸引力、渗透力。

抓特色、创品牌、育典型，"微笑经管"
促进校园文化创新发展[*]

——经济管理系"微笑经管""一系一品"文化品牌建设案例

系部文化建设的价值体现在它是向大学生进行思想政治教育的最有效的路径，也为高校人才培养拓展了广阔的空间。在系部文化建设实践中，要用心铸造文化理念，注重文化活动创新，讲求文化内涵积累。根据学院"轻院素养"建设工作要点及安排，经济管理系"一系一品"文化建设有条不紊推进，总体呈现出"内涵建设走向纵深、品牌效应逐渐显现"的良好态势。

一、内涵分析

基于经济管理系学生综合职业能力培养，按照"职业素养与技术技能并重"的轻院办学理念，结合"轻院素养"提出的学生职业成长的模块化活动课程体系，探索具有经管文化特色的职业素养育人体系，创建"微笑经管"品牌文化育人工程，按照系部文化建设与系部专业教育、时代先进文化、大学思想政治教育的"三结合"原则，以物质文化、制度文化、行为文化、精神文化为四个层次，提出以"微笑经管·e起成长"为一个主题，以"厚德、明礼、笃实、诚信、担当、精技、乐群、自信、激情、创新"为十种内涵，以"微笑经管·品德教育、微笑经管·礼貌问早、微笑经管·养成教育、微笑经管·诚信教育、微笑经管·助理机制、微笑经管·技能比武、微笑经管·素质拓展、微笑经管·女生节、微笑经管·新生嘉年华、微笑经管·创业大赛"为十项活动的"一个主题、十种内涵、十项活动"文化品牌建设，逐渐形成富有经管类人才特色的第二课堂和系部文化，通过项目载体化建设，强化系部师生的职业道德、职业精神，加强教师教风、学生学风、管理人员工作作风建设，形成积极向上的校风，加强文化环境和自然环境建设，建设

---

[*] 本文作者：袁焱萍，贵州轻工职业技术学院辅导员；朱培，贵州轻工职业技术学院辅导员。

精神内涵丰富的物质文化环境，努力营造良好的育人氛围，教育、服务、管理全方位育人，实现经管类专业"强责任、重诚信、知礼节、懂标准、会管理"的人才培养特色。

一个主题："微笑经管·e起成长"这一理念的提出，让微笑的概念深入人心，并且与管理结合，培育学生微笑管理能力，在微笑中学会成长成才。

十项活动："微笑经管·品德教育"通过"3·5"学雷锋等活动加强思想道德建设；"微笑经管·礼貌问早"以文明问早活动为依托，带动全系学生懂礼貌、讲文明；"微笑经管·养成教育"通过开展行为养成教育、志愿者活动全面提升学生素质，形成良好的习惯；"微笑经管·诚信教育"通过开展诚信无人监考、诚信教育活动教育大家以真诚之心，行信义之事，信守诺言，言行相符；"微笑经管·助理机制"建立了"书记有约""影子主任""学生行政助理""助理辅导员"等多种学生思想教育形式的工作机制，旨在培养学生的责任心和担当；"微笑经管·技能比武"依托系部专业社团，举行了ERP沙盘模拟大赛、营销技能大赛、会计技能大赛、物流技能大赛等强化学生专业技能，并为省赛培养优秀人才；"微笑经管·素质拓展"以体育文化艺术节为依托，丰富学生课余生活，培养团队合作意识，提高大学生的综合素质；"微笑经管·女生节"展示了女生魅力，让女生更加自信；"微笑经管·新生嘉年华"为我系学子提供了展现才艺的舞台，让学生尽情的去释放青春的激情；"微笑经管·创业大赛"以创新创业政策为导向，以学院和系部金点子大赛为依托，不断激发学生创新意识，提高创业能力，更好的与社会接轨。

二、工作成效

"微笑经管""一系一品"自创建以来，参与人数众多，几乎覆盖了全系所有学生，不仅丰富了系部校园文化活动，也使"微笑经管"品牌活动获得了院领导和校外专家的一致肯定，同时我系学生的个人素养、职业素养和技能素养都得到了极大提升，并且强化了我系师生的职业道德、职业精神，加强了教师教风、学生学风、管理队伍作风建设，形成了积极向上的系风，营造了良好的育人氛围。

（一）以净化、美化的环境实施育人功能

围绕"微笑经管"文化建设理念，进行了办公室、实训室的环境文化氛围改造，以办公室、实训室环境美化为依托，有效地推进了系部环境文化建设规划的实施。打造了富有经管文化特色的"一个主题、十种内涵、十项活动"品牌建设"微笑经管·e起成长"文化墙、微笑墙，"经管掠影"和党团活动室建设，打造了富有经管专业和竞赛特色的物流历程文化墙，会计、ERP等竞赛文化和实训文化。同时，以工作职责和服务承诺为切入点，建立了系部行政坐班人员"亮身份 守承诺"公示牌和去向牌，设置了系部学生事务综合服务大厅，构建起集教育、管理、服务于一体的新的文化育人工作环境。

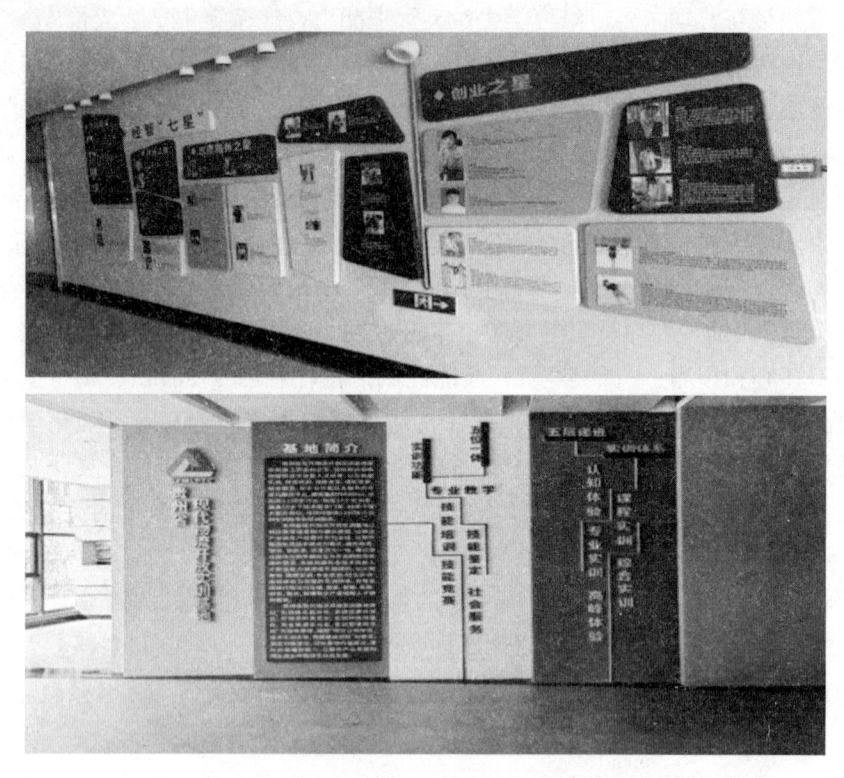

"微笑经管"文化墙和现代物流开放实训基地

经管系学生事务综合服务大厅

物流历程文化墙

"微笑经管·e起成长"微笑墙

经管掠影

学生公寓党团活动室

创新创业实训室

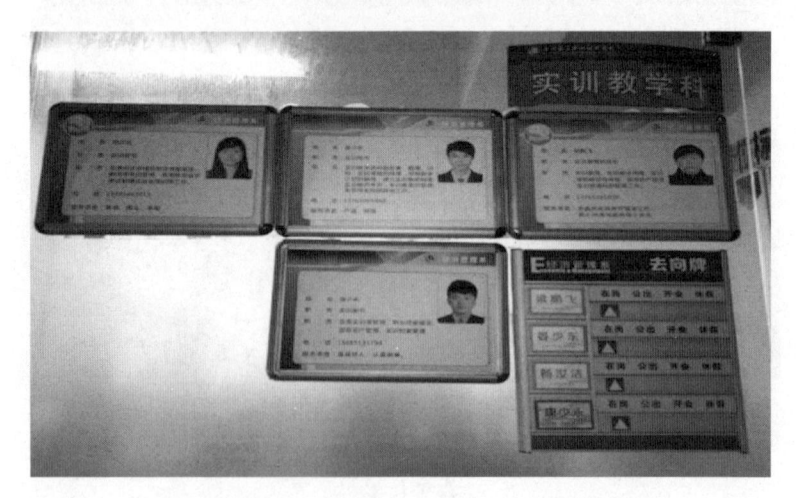

行政坐班人员"亮身份　守承诺"公示牌和去向牌

(二)"微笑经管"一系一品系列活动

"微笑经管"文化墙

1. 微笑经管·品德教育

经济管理系邀请中共中央党校博士刘雪影做"国学智慧与品德修养"讲座

经济管理系 2021 年"微笑经管·品德教育"系列活动之"3·5"学雷锋手抄报比赛活动

2. 微笑经管·礼貌问早

微笑经管·礼貌运动·问早行动

<<< 第四篇 活动案例

3. 微笑经管·养成教育

经济管理系邀请贵州财经大学乔桂萍老师为学生开展行为养成教育讲座

经济管理系团总支携手春晖社前往南明区颐福敬老院开展志愿服务活动

2020年贵州轻工职业技术学院技能比武

173

2020年迎新志愿者

4. 微笑经管·诚信教育

我系积极开展无人监考诚信考试

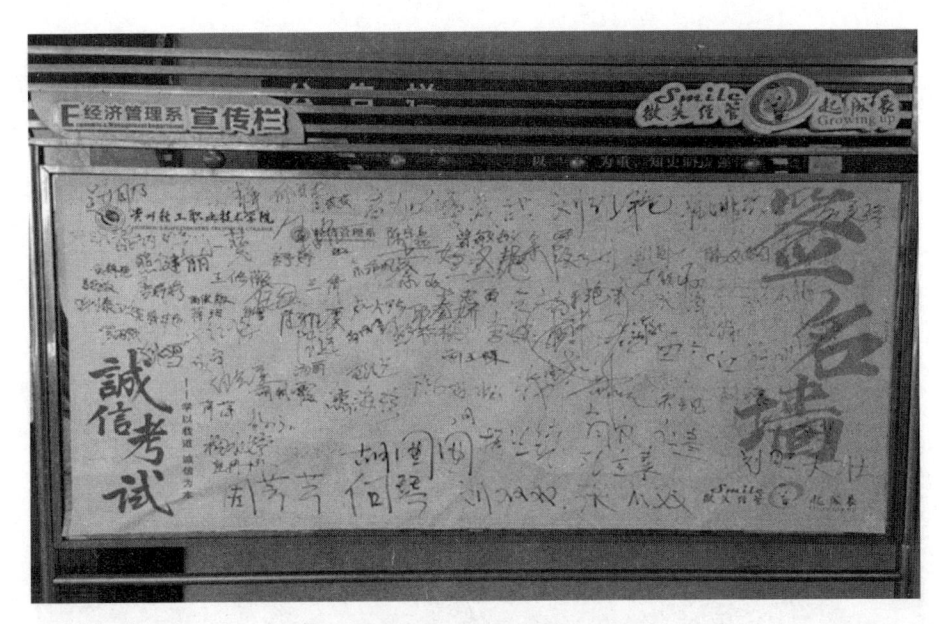

我系积极开展无人监考诚信考试

5. 微笑经管·助理机制

经济管理系"助理辅导员"培训

6. 微笑经管·素质拓展

体育文化艺术节拔河比赛

体育文化艺术节"袋鼠跳"比赛

<<< 第四篇 活动案例

体育文化艺术节"无敌风火轮"比赛

经济管理系团总支文礼部组织开展手工制作比赛

7. 微笑经管·女生节

经济管理系女生节

8. 微笑经管·新生嘉年华

经济管理系举办2021级新生军训慰问活动

经济管理系"微笑经管·新生嘉年华"之"迎新杯"篮球赛

经济管理系成功举办2021年"微笑经管·新生嘉年华"好声音暨形象大使总决赛活动

经济管理系"好声音"决赛现场

9. 微笑经管·创业大赛

经济管理系开展"创青春"大学生创新创业讲座

经济管理系开展"创青春"大学生创新创业比赛项目路演

10. "微笑经管"其他活动

除了经济管理系品牌特色活动与团日活动,我系还开展了体育文化艺术节、迎新晚会、教师节活动、军训慰问、军训服捐赠等活动,同时也参加了学院组织的三人篮球赛、主持人大赛、迎新杯篮球赛、"立业杯"足球赛、黔学讲堂等。这些活动的开展极大地丰富了我系学生的业余生活,使他们在展现才艺的同时,收获友谊,学到技能。

"三下乡"之"百名村官助理"社会实践活动

百名"村官"助理在"新市民·追梦桥"工作站工作

经济管理系开展清明"缅怀先烈·文明祭扫"活动

经济管理系军训慰问活动

"梦系经管·木兰花开"——经济管理系毕业晚会暨顶岗实习欢送会

（三）展现社团风采，打造多彩校园

1. 专业社团

互联网+国际贸易协会技能知识竞赛

"企业经营与分析决策"技能大赛

2. 春晖社

春晖社开展"一元捐"活动

3. 苗协会

参加"五四运动100周年"暨周年庆典主题活动

参加2020年轻院运动会开幕式表演

（四）立足系部实际，打造魅力女生节

经济管理系80%的学生是女性，针对这一系部实际情况，同时也为了更好地关爱女性，经济管理系在每年的3月开展女生节，这是一个关爱高校女生、展现高校女生风采的节日。它活跃校园文化氛围，构筑良好的育人环境，展现经管系女生朝气蓬勃、秀外慧中的良好精神面貌和品质，树立"自尊、自爱、自立、自强"的女大学生形象。该项活动自2015年起开展至今，获得了系部广大学生的认可。

以女生节为依托，我系开展了"心愿女生节"、心灵手巧叠被子大赛、"Lucky girl"、女士优先、文化沙龙、爱神丘比特、蒙眼喂面包、温馨之树等活动。

同时，我系在女生节中，依托贵州省妇联的"关爱妇女，暖心工程"，在以往活动的基础上，将经济管理系女生节打造为服务全院女生的女性关爱工程，邀请知名的女性企业家、心理学家、职业规划师等给即将毕业或者实习的女学生讲授职业技能、职业礼仪等，不断提升女性的职业魅力，为女性进入社会打下坚实的基础。

经济管理系第三届"女生节"开幕式

经济管理系第三届"女生节"之职业礼仪知识讲座顺利举行

"微笑经管·女生节"叠被子大赛

化妆沙龙

女子防身术

女生节活动祝福点

邀请国家二级心理咨询师、统战部贵州省欧美同学会青年委员会副会长、贵阳市文明办·教育局·妇联"家庭教育大讲堂"特聘讲师、贵州省前出国留学服务中心副总经理及心理顾问高悦开展主题为"女性——做最棒的你自己"讲座

（五）职场早会进班级，打造经管好学风

围绕"轻院素养"的职业素养模块，结合"微笑经管"文化内涵，重点建设了学生职场早会制度；结合企业早会制度的模式，以习惯建立阶段、生活分享阶段、目标培养阶段、团队成长阶段四个模块分阶段开展职场早会，指导学生进行系统的职业发展探索，并根据经济管理系职场早会综合评定指标体系评定每月"职场早会最佳团队""职场早会之星"。通过开展职场早会，树立学生正确的就业观、择业观，激发学习热情，引导学生体验职场文

化，强化职业道德和职业精神，提高学生沟通、协作、组织、管理等能力，促进学生的可持续发展。

最开始由系部统一制定方案，明确主题，各班级各自确定自己的方案和主题，报系部进行审核，审核通过后自行开展活动，学生在制定方案的过程中得到了很大的锻炼。

通过职场早会，不仅能够改变学生的思想、行为和观念，还可以培养出一批具有组织能力、协调能力的人才。职场早会成了班级沟通交流的园地，凝聚着班级人心，大大地改善了班级的学风，也让班级学生比别人更早地了解职场文化，从而在将来更好地融入社会。

职场早会场景

（六）以春晖社为基础，打造经济管理系社会实践服务育人工程

现在很多高校都存在一种现象，将志愿服务作为一种形象工程，只有在需要的时候才会想着去做，不需要的时候就抛之脑后，这样的志愿服务达不到真正的社会实践和育人效果，也不能更好地服务社会。因此，为深入开展志愿服务活动，大力弘扬"奉献、友爱、互助、进步"的志愿者精神，培养我校学生的实践能力，提高大学生的文明素养和道德修养，根据我系实际，制定了春晖社志愿服务活动实施方案。

1. 创建社会实践服务育人基地

2021年10月，我系春晖社和系部党员到贵阳市颐福敬老院开展志愿服务活动，陪老人聊天，给老人打扫卫生、洗衣服，得到了敬老院领导的一致好评。因此，我系与其开展长期合作，建立社会实践服务育人基地，充分发挥大学生社会实践的育人功能，服务社会，关爱老年人。

2. 衣物捐赠活动

每年军训结束与毕业生离校时，开展衣物回收活动，联系贵州偏远地区村寨，开展衣物捐赠活动，在社团活动中，春晖社开展了一元公益活动，将募集的资金捐赠给南明区颐福敬老院。

春晖社成员到南明区颐福敬老院开展志愿服务

（七）加强技能比武建设，服务全校技能大赛

我系以第六个内涵"精技"为基础，加强技能比武载体建设，依托会计协会等七个专业社团开展技能比武大赛，明确教育目标和教育重点，把学生动手能力纳入培养目标，并为全省技能大赛服务。

所以赛项对接产业前沿技术，以企业模拟、现代物流、电子商务等关键岗位的核心技能为竞赛内容，通过切实有效的措施，达到培养动手能力强的管理人才之目的，丰富学生校园文化生活，提高社团凝聚力，服务全省技能大赛。

英语协会演讲比赛

经济管理系市场营销 ITMC 技能大赛

第三届"技以载道、匠心圆梦"技能素养文化活动月"企业经营与分析决策"技能大赛

2020年第三届"技以载道、匠心圆梦"技能素养文化活动月电子商务技能大赛

2020年第三届"技以载道、匠心圆梦"
技能素养文化活动月互联网+国际贸易协会技能知识竞赛

三、经验启示

系部文化建设的价值体现在它是向大学生进行思想政治教育的最有效的路径,也为高校人才培养拓展了广阔的空间。在系部文化建设实践中,要用

心铸造文化理念；注重文化活动创新；讲求文化内涵积累。"微笑经管·一起成长"作为文化内涵建设的思想引领，并以"厚德、明礼、笃实、诚信、担当、精技、乐群、自信、激情、创新"十个词内化为对学生教育的三个层次，第一层"厚德、明礼、笃实、诚信、担当"，是结合学院人才培养目标第一阶段"立志修身"而制定，旨在培养学生的感恩之心，做文明之人，做忠诚老实之人，培养学生的公民素养；第二层"精技、乐群、自信、激情、创新"要求同学们具有团队合作意识、有敢于承担责任的精神以及精湛的技能，培养学生的职业素养，这是结合学院人才培养目标第二阶段"精技强能"而制定。最后，在学生们学业有成的同时还应保持一颗激情的心以及自信心和敢于创新的精神，培养学生的发展素养，并学以致用。

经济管理系"一系一品"文化建设有条不紊推进，总体呈现出"内涵建设走向纵深、品牌效应逐渐显现"的良好态势。"微笑经管"品牌文化经历了近四年的发展，已建立了蕴含十大内涵的育人体系，并将随着时间的推移而进一步优化和改善，通过这一系列的品牌活动树品牌，有效地支撑了经管类专业"强责任、重诚信、知礼节、懂标准、会管理"的人才培养特色。

春风化雨　育人无声[*]

——贵州轻工职业技术学院"三全育人"背景下的心理健康工作模式

一、案例正文

（一）案例背景

小何（化名），女，贵州轻工职业技术学院2019级学生。2019年参加新生心理测评，在"中国大学生心理健康测评系统"的心理健康测评问卷测试中，其焦虑、抑郁、自卑、进食问题、睡眠问题等维度上的得分远高于全国平均水平，系统预警该生可能存在一级心理问题。经与咨询师进行个体心理咨询后判定，小何疑似患有严重心理问题，被列为心理危机干预的高危个体应予以特别关注。随后，小何被转介至贵州省第二人民医院，医生诊断为"抑郁状态，按医嘱服药，可正常上学"。

（二）工作思路

心理健康工作始终坚持"积极关注学生心理需求，教育启发学生心理发展，稳步提升学生心理素质，促进学生心理自助成长"的育人理念，在本案例中，重点在于如何引导小何排解情绪，同时形成积极成长性的思维，并及时提供后续心理服务。

1. 心理咨询服务全程帮扶

抑郁症产生会受到生物、心理与社会环境因素的影响，除了长期服药，心理治疗对于抑郁症治疗也有疗效。因此学院心理健康教育中心为小何制定了个体心理咨询服务方案，通过空椅子技术合理排解其负性情绪，运用认知行为治疗帮助小何矫正不良的认知思维模式、缓解抑郁情绪。

---

[*] 本文作者：于岚茜，贵州轻工职业技术学院党委学生工作部（学生工作处）工作人员；代丽偲，贵州轻工职业技术学院党委学生工作部（学生工作处）工作人员。

2. 五级育人网络全程护航

全员高度重视存在严重心理问题的学生，充分发挥"心理健康教育中心—系（院、部）—班级—宿舍—家长—专业机构"六级心理育人网络。为防止小何心理问题进一步恶化，保证其按时复查，减轻对社会功能的影响，心理健康教育中心在不违反伦理道德要求的基础上，告知小何的辅导员其心理健康状况。通过辅导员的积极关注，定期与其开展谈心谈话，了解学生是否按时服药，人际关系是否发生重大变化，使学生感受到辅导员的关心、关爱，有效预防了危机事件的发生。辅导员积极引导小何参加学院组织的心理团辅、心理健康活动月等系列活动，帮助其更好地了解心理知识，提高了小何的心理韧性。

3. 家校合作育人全程支持

全员育人中，家长也承担着重要的作用，且小何的心理问题根源来自其原生家庭。征得小何同意后，辅导员与咨询师积极同小何家长进行了耐心的沟通。但是在沟通过程中，因为小何是离异家庭，父母的文化水平有限，认为只要让孩子吃饱穿暖就行，心理问题不重要，沟通上有很大的困难。对此，学院从三个方面与家长进行了沟通。一是做好小何家长的情绪安抚，把关注点从对小何的批评责问转移到如何理性看待孩子病情，告知家长只有支持、关心孩子，积极配合学校才能真正帮助孩子走出困境。二是发放家长告知书。学院将小何目前的心理健康状况告知家长，让家长了解学校目前为小何所提供的心理咨询服务，且明确告知家长有心理问题的学生不会影响其评奖评优和就业，从而消除家长的担忧。家长也应当履行自己的责任，重视孩子的成长，支持孩子定期去医院复查，按医嘱服药。三是转变家长的不合理思维。在日常生活中，只为孩子提供物质条件是不够的，要在精神上多给予孩子鼓励和支持，才能帮助孩子顺利渡过心理危机。

（三）主要做法

1. 进行真诚、有效的倾听

让小何感受到老师对他的积极关注，能够理解他的感受，这样有利于建立良好的咨询关系。小何在咨询过程中慢慢敞开心扉，咨询师了解到在高考结束后，小何爷爷突然去世，小何内心很愧疚，觉得自己没有好好关心爷爷，每天做噩梦梦到爷爷回来索命，诱发了心理问题。小何是家中第二个孩子，因为父母离异，从小由爷爷奶奶抚养长大，父母在外地打工，认为父母不关心自己。

2. 运用空椅技术排解负性情绪

小何在爷爷去世时感到悲痛欲绝，咨询师运用空椅技术，要求小何坐在一把椅子上，感受对面椅子上坐着的是爷爷，表达对爷爷的思念、愧疚以及一些想完成却还没来得及做的事，再换到对方的位置，感受爷爷会对自己说什么，会有怎样的情绪。在这个过程中，小何好好和爷爷告别，慢慢接纳了爷爷已经去世的事实，认识到爷爷最疼爱她且不会怪她。

3. 运用认知行为治疗方式改变小何的消极想法

通过改变小何对己、对人或对事的看法与态度来改变心理问题，训练小何形成用积极建设性的思维模式去思考问题。不合理的信念表现为绝对化的要求、过分概括的评价、糟糕至极的结果，例如：小何认为自己什么都做不好，但是通过找到例外事件，小何发现自己竟选学习委员成功了。在这个过程中，要求小何学会识别、纠正消极自动化想法，形成积极思维。

4. 挖掘整合小何内部优势和外部资源，制定和执行目标

小何认为自己毫无价值，通过持续咨询，小何意识到自己有良好的社会支持，奶奶和舅舅能够理解自己，希望毕业后能够挣钱孝顺奶奶和舅舅；自己虽然高考没考好，但是英语成绩很好，对语言学习很感兴趣，找到了自己未来的目标；虽然自己家庭困难，但是学校提供勤工助学的岗位，寻求帮助不代表自己无能，自己可以通过努力，保障自己的日常开支。

二、案例取得的实效

经过两年多持续不断地心理帮扶和跟踪服务，小何达到了临床上的痊愈，心态逐渐平静、积极向上，在校期间没有再出现过自杀想法，睡眠和饮食问题相对于大一有了改善，对未来的目标也更加坚定。通过辅导员与小何以及其家长的多次沟通，小何和父母的关系也有了一定的缓和。

（一）创新心理育人全程闭环流程

贵州轻工职业技术学院心理育人主要以"心理排查—心理预警—心理干预—追踪—痊愈巩固"全程闭环的创新流程"全面加精准"管理心理问题学生，通过心理咨询服务，巩固心理育人成效，通过辅导员积极关注和鼓励学生成长，能够有效预防抑郁的复发，提高学生心理素质。

（二）引导树立积极的思维方式，理解生命的真谛

抑郁问题大多症结在于消极自动化的思维模式，要处理这个问题的根源在于通过训练巩固改变学生的认知模式，使学生学会合理地排解情绪和与人沟通。

（三）挖掘潜在的内部优势及外在资源

因为抑郁患者时常会感觉到自卑、一无所有，咨询师可通过鼓励和引导，让学生发现自己的闪光点，引导学生找到人生目标。辅导员作为家校沟通的纽带，要耐心引导家长关心孩子心理健康，重视孩子的成长，充分发挥思政队伍骨干力量，同时要引导学生挖掘自己潜在的社会支持系统，让学生感受到有人关心、爱护他，能够在有需求时寻求帮助。

三、参考分析

（一）树立"立德树人"理念的三全育人模式

心理育人中，构建全员全过程全方位育人格局，需要发挥心理育人网络中全员的力量，学院、家长、医院都担任着重要的育人责任。家庭、学校的教育对于学生的成长发挥着重大的作用，影响其人格及三观形成。心理育人中增强家校沟通意识和能力，及时信息共享，相互衔接，形成教育合力，才能更好地帮助学生全面发展。

全过程育人是在学生成长各阶段做好育人工作。在学生整个校园生活中，都需要长期的、连续的心理健康教育的参与，以学生需求为出发点，关注跟踪学生不同阶段的特点，有针对性开展心理健康活动，帮助学生学会直面困难，有勇气挑战不可能。

全方位育人着眼于青少年阶段"自我同一性"的发展任务，通过线上与线下的心理健康平台咨询与教学服务、"5·25心理健康活动月"活动，开展多层次全方位的育人工作，能够使心理育人潜移默化，润物细无声。

（二）合理运用心理技术

大部分高职学生的学习困难问题、亲密关系问题、情绪问题根源在于原生家庭。掌握认知心理治疗、空椅子技术、挖掘内部优势及外部资源能够让学生学会排解情绪、合理沟通、换位思考，提升学生心理的韧性。

（三）加强心理育人队伍建设

心理育人需要充分发挥"心理健康教师为主+辅导员为辅+心理委员"的思政队伍的力量，心理健康教师作为指导者，通过专业心理咨询、心理健康科普等为学生提供服务；辅导员作为监督者，通过谈心谈话，以侧面的下宿舍、下课堂等形式跟踪、了解学生的实际情况，便于第一时间发现问题；心理委员深入学生群体从学生角度给予力所能及的帮助，充分发挥朋辈力量。

测绘社团文化建设的研究与实践*
——以工匠精神筑梦测绘人生

一、专业社团的文化传承定位

专业社团是传承校园文化的重要载体，是学生实践的舞台，是学生提升专业知识、专业技能、职业素养的相互交流、相互促进的平台。社团提供一个互相讨论、实施、探究的环境，通过实践的方法，启发指导，让学生在实践中寻找正确的答案，帮助学生认识及发展基于自身语言文字、数学逻辑、视觉空间、人际关系的自我认知智能，对于提高学生的综合素养具有重要作用。学生也许因为阅历的关系，实践经验的缺少，或许在探索的过程中不能得出正确的结论，但是，学生的探究精神、重视实践的精神，对他今后的人生将会起到很大的推动作用。

二、贵州轻工职业技术学院测绘社团的成立背景及意义

贵州轻工职业技术学院测绘社团——测量协会，成立于2016年，是学院专业社团之一，它区别于思想政治理论课和课程思政的主渠道育人形式，是大学生成长成才的"第二课堂"，其精神宗旨为"开拓创新，团结协作"。本社团建设初期，根据社团名称、性质、宗旨的定义确立了会徽，如图1所示。

---

* 本文作者：陈兰兰，贵州轻工职业技术学院副教授。

图1 测量协会会徽

近年来，在学院大力推动基于全国"双高"背景下的"文化浸润，匠心铸魂""三全育人"模式改革的体系，构建的"课程、科研、实践、文化、网络、心理、管理、服务、资助、组织""十大育人"体系中，作为校园文化建设的重要组成部分的专业社团文化建设，是诠释"十大育人"体系中"实践育人""文化育人"的主战场之一。作为专业社团的测绘社团，在学院创新发展的思路下，深刻分析具有本专业特色的实践与育人的路径，并进行实践与创新，遵循学院"文化浸润技术，理想托起技能"的文化育人理念，弘扬爱国情怀、落实文化传承、培养工匠精神，努力构建具有浓厚专业及行业背景的社团文化，为学院"一系一品"中的质量建工文化品牌赋能。

本社团由对测绘感兴趣的学生根据"个人意愿+考核"的方式参加，同学们依托共同的兴趣爱好融合在一起，在3年的大学生活中，丰富了社员的校园生活，对学生成长成才所应该具有的创造、驱动、协作、学习等方面能力进步具有一定的促进作用。

在测绘社团里，学生同时扮演学生、学徒、测绘志愿者、测绘技术人员等多重身份，通过社会实践和丰富的校园文化生活，实现学生角色的附加与转变，弥补学生身份的单一化，减弱其就业时对社会角色转变的不适应性，为学生提供一个由个体的"人"向社会的"人"过渡的机会和载体。

三、释义测绘文化，助力测绘社团塑造社团文化

（一）测绘学科发展简介

测绘是一门古老的学科，在人类文明发展史上占有重要的地位。相传公元前两千多年，禹下令用其中的青铜铸造九只巨鼎，将国内的山川河流、奇珍异景雕刻在鼎壁上，用来彰显九州归一，一统天下。中国有九州大地之称，而将地图铸在大鼎上，以象征王权，故有"问鼎中原"一说。

直到现在，测绘已演变成国民经济和社会发展必不可少的一项基础性和公益性工作，"十四五"时期，随着"北斗三号"导航卫星、"天—空—地"

一体化对地遥感观测网、互联网、物联网、泛在智能传感网等网络的建立与完善,其服务范围涉及与地理信息有关的经济发展、自然资源、环境保护等领域。测绘地理信息技术与智能处理、移动互联、云计算融合,推动空间信息 DB、卫星定位 GNSS+物联网、地面数字传感器等技术开发及应用,服务于智慧城市、智能交通、低碳生活、本地信息服务、应急管理、物联网、社区信息生活等行业及产业,"互联网+测绘+北斗"将成为地理信息服务业新常态,在各级政府决策、区域经济规划、国土资源开发利用与保护等方面发挥重大作用。

(二) 测绘文化定义

测绘文化是测绘人在测绘活动中所形成的测绘知识体系和内在精神的既有、传承、创造、发展的总和,它涵括测绘活动和测绘人从过去到未来的历史,是测绘基于发展的基础上所有活动内容和物化形态的总和。在历史发展的长河中,测绘文化应随着社会的进步、行业的发展而产生不同的表现内涵,在现阶段的社会形态中,测绘文化不仅要表现出其历史性、民族性,还应表现出其现实性、先进性、创新性的特征。

四、测绘社团文化建设整体设计

(一) 文化建设构架图

本社团根据测绘行业需求、职业特点、育人目标、大赛需求的综合分析,全面收集整理关于测绘新技术、测绘科普知识、国家版图、测绘历史故事、测绘法律法规、国家行业标准、社会热点、先进人物事迹、行业发展方向、技能训练方式等文化素材,内化出"5 个育人文化项目+3 个实践文化项目"组成构架基础,依托多样的社团活动开展,助力"敬业+专注+精益+创新"的专业内涵培养,培养社团成员并辐射相关专业学生具有以爱国主义为核心的民族精神和以改革创新为核心的时代精神,成为执着专注、精益求精、一丝不苟、追求卓越的新时代测绘工匠。

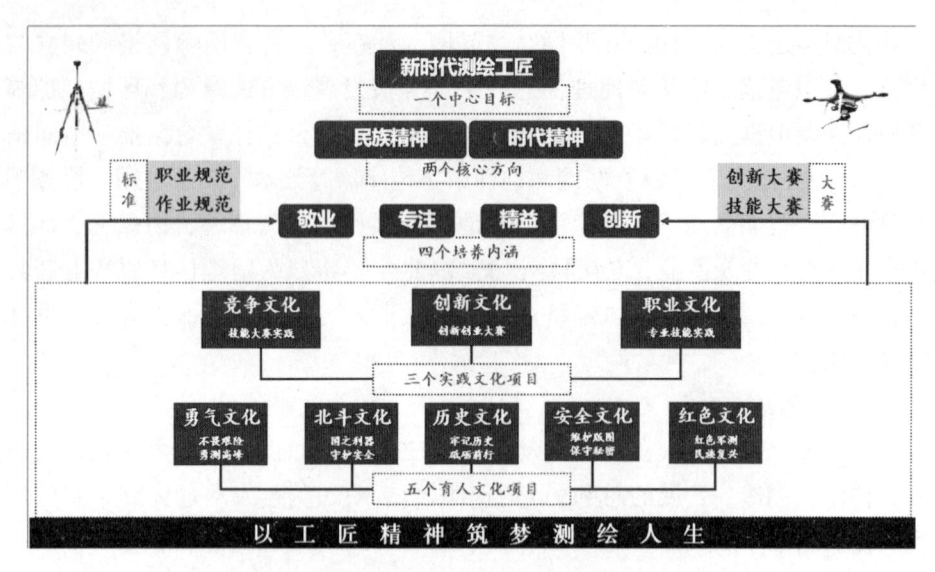

图 2　社团文化建设构架图

（二）根据高职院校培养目标的定位，提出新时代测绘工匠的培养作为测绘社团文化建设的中心目标

高职院校以培养职业技术应用型人才为己任，应用型人才主要是指熟练掌握本学科专业知识和技能，并能将知识及技能灵活运用到所从事的专业社会实践中。作为将来的测绘人，测绘人的"工匠精神"应根据其专业性质和社会责任进行定义。测绘人应具有"爱岗敬业、奉献测绘、维护版图、保守秘密、严谨求实、质量第一、崇尚科学、开拓创新、服务用户、诚信为本、遵纪守法、团结协作"的测绘职业道德，并具有以强烈的爱国主义为核心的民族精神和以改革创新为核心的时代精神，最终内化为执着专注、精益求精、一丝不苟、追求卓越的新时代测绘工匠。

而作为校园文化建设的一个重要平台的测绘社团，是体现"全程、全员、全方位"育人的重要战场，如何通过社团平台去铸造学生的测绘工匠精神，使其成为一个合格的社会主义建设者与接班人，本社团提出了新时代测绘工匠的培养作为测绘社团文化建设的中心目标。

（三）针对测绘行业文化的综合分析，提出民族精神、时代精神为测绘社团文化建设的两个核心方向

1. 基于测绘成果的特征，以爱国主义为核心的民族精神文化对测绘从业人员的重要性

当前，随着测绘演变成国民经济和社会发展必不可少的一项基础性和公

益性工作，其服务范围涉及与地理信息有关的经济发展、自然资源、环境保护等领域。而作为测绘学科中，采用数字测图技术生产的与地理信息有关的经济发展、自然资源等领域的测绘成果，具有主权性、涉密性、精准性、基础性、共享性等五个特征，它事关国家政治安全、国防安全、经济安全，因此测绘从业人员需具备以爱国主义为核心的民族精神。

2. 基于空间信息技术的发展，以改革创新为核心的时代精神文化对测绘从业人员的挑战性

随着数字测图技术加速助力测绘学科与智能处理、移动互联、云计算融合，推动空间信息技术，卫星定位 GNSS+物联网等技术开发及应用，服务于智慧城市、智能交通、低碳生活、本地信息服务、应急管理、物联网、社区信息生活等行业及产业，在各级政府决策、区域经济规划、国土资源开发利用与保护等方面发挥重大作用。所以，测绘人员如何从传统测绘数据生产、处理及应用向智能化数据生产、处理及应用方面更新；另外，地理信息数据生产与服务去专业化趋势明显，引发地理信息产业核心要素的重新分配和生产关系的重构，与互联网巨头的产业跨界，出现激烈的竞争。以上两个方面，是目前行业最大的痛点，也是最大的挑战。所以以改革创新为核心的时代精神，是当今社会对测绘从业人员提出的新挑战。

（四）针对行业标准、技能大赛、创新大赛提出的要求，敬业、专注、精益、创新成为测绘社团文化建设的四个核心内涵

针对行业标准、技能大赛、创新大赛提出的要求，建立日常培训、比赛、及技能大赛参赛选手选拔机制，营造"比、学、赶、帮、超"的学习氛围，培养学生测绘工匠的敬业+专注+精益+创新的内涵。

五、社团文化建设的内容

（一）育人文化项目及内容

采用主题教育活动诠释测绘行业的勇气文化、北斗文化、历史文化、安全文化、红色文化内涵，以爱国主义为核心的民族精神为指引，培养具有深沉爱国情怀的新时代测绘工匠。

以爱国主义为核心的民族精神，这样的民族意志和民族传统，是中华民族在几千年历史的长河中形成的，是中华民族优秀传统的传承，是社会主义核心价值体系中具有长期稳定性和广泛凝聚力的价值立场、价值原则和价值追求。

当前，面临国际形势前所未有的发展机遇和挑战，作为中华民族的一员，

更需要充分发扬以爱国主义为核心的民族精神，捍卫国家主权，维护民族利益，争取民族繁荣。中华民族精神不是一种抽象的概念，它是一个历史范畴，在不同社会发展时期、不同阶段，有着不同的具体内容。在当前的测绘行业，可以归结为"珠峰测绘精神""红色测绘精神""两弹一星精神""抗日战争—保家卫国精神"。这样的精神追求，给测量协会的宗旨赋予了更深的内涵，为协会的引导及培养指明更清晰的方向，为协会活动的开展拓宽了新的思路。

本协会秉承培养具有深沉爱国情怀的新时代测绘工匠的目标，开展与专业相关的爱国主义主题教育活动，目前由5个主题活动组成，一般在2年内完成，以讲座、讨论、阅读、撰写心得体会等形式呈现。

1. "不畏艰险、勇测高峰"主题文化活动

讲解1960年珠峰攀登及中国测绘工作者于1966年、1968年、1975年、1992年、1998年、2005年对珠峰进行过6次大规模的测绘和科考工作历史事件。及2020年珠峰高程测量，2022年"巅峰使命"珠峰科考，引导学生关注测绘及相关科考大事件，体会珠峰攀登、重测和科考背后的测绘精神和科学精神，树立社会责任感、使命感，激发学生爱国情感、国家认同感、中华民族自豪感。

2. "国之利器、守护安全"主题文化活动

以中国北斗卫星定位系统（BDS）的发展历程为主线，了解中国在20世纪50至60年代的时候，为了保卫国家安全、维护世界和平，作出了独立自主研制"两弹一星"的战略决策，并为此经历的艰辛历程。中国的"两弹一星"是20世纪下半叶中华民族创建的辉煌伟业，是新中国伟大成就的象征，是中华民族的骄傲。

再以海湾战争中美国GPS卫星定位系统在高技术战争中的巨大威力，和中国发展自己的卫星定位系统的必要性和紧迫性，通过了解北斗导航卫星定位系统（BDS）建设的历程和取得成就，树立国家荣辱观，激发学生勇于探索及创新的家国情怀。

3. "牢记历史，砥砺前行"主题文化活动

根据日本的侵华行动，开始于非法测绘这个内容，梳理从1872年日本间谍池上四郎潜入中国东北进行秘密侦查开始，到1945日本战败为止，从没有放弃对中国的非法测绘，到近期外国人对华进行非法测绘的事件，告诉学生牢记历史，知道国弱就要挨打的道理，虽然祖国历经磨难，但在中国共产党的领导下，全国各族人民克服困难，勇敢地走到现在，走向未来，努力建设

我们的美丽国家。

4. "维护版图、保守秘密"主题文化活动

国家版图是国家行使主权的疆域，我们每一个人都应该有国家版图意识，有维护国家主权与领土完整的责任和义务。国土安全，是国家安全基础中的基础，而相关的信息数据与指标，更是国之重器，不可以示人。作为测绘人员，要比普通人更能识别目前外国组织或者个人对我国的地信数据的非法测绘，如果发现此类情况，要及时制止或报警。

5. "红色军测、民族复兴"主题文化活动

测绘与国防建设、国民经济和社会发展密不可分，无论在革命战争年代，还是当前的经济建设时代，都是非常重要的必不可少的一项前期性、基础性工作，随着社会的发展，自然资源管理工作的不断推进。其服务范围涉及与地理信息有关的国民经济和社会发展的各个领域和各个行业，并在各级政府决策、区域经济规划、国土资源开发利用与保护、农牧林业建设、水利建设、能源交通建设、环境保护等方面发挥重要作用。

红色测绘史是百年党史的组成部分。社团主题活动中，回顾红色测绘史，能让社团成员进一步领悟革命精神与测绘精神的真谛，了解测绘工作在战争中的巨大作用，传承红色基因，让学生真正的感觉到传承红色基因是每一个人义不容辞的责任，是实现中华民族伟大复兴的力量源泉。从而更加坚定不移地听党话、跟党走，立足岗位，为建设测绘强国、为实现中华民族伟大复兴的中国梦作出更大贡献。

（二）实践文化项目内容及成果

1. 技能大赛实践中的竞争文化培养

经济飞速发展的社会，是激烈竞争的社会，没有竞争就没有社会的进步，竞争是生产和发展的动力，培养学生的竞争意识，需要依靠竞争文化的培养。

本社团以技能大赛为契机，依托技能大赛比赛项目，坚定在大赛中出成绩、出好成绩的指导方向，训练和选拔过程中，做到从严训练，突出重点；循序渐进，逐步提高；评比竞赛，树立典型；既练技能、又练思想；营造"比、学、赶、帮、超"的社团竞争氛围。这样的培养，让学生面对竞争现实，毫不畏惧、充满信心地迎接一切挑战，在将来的社会从业中，焕发出竞争精神。

本社团经过近几年参与省级及国家级测绘技能大赛实践，将竞争文化有效灌输到社团成员的专业技能学习的全过程中，表现出通过社团活动带动课堂教学效果方面，起到很大的辐射作用。专业社团同学在日常教学过程中，

课堂中的学习积极性得到极大提升。

自社团成立以来，社团同学在全省及全国技能大赛工程测量项目竞赛中获一等奖3项、二等奖3项、三等奖8项。

2. 创新创业大赛实践中的创新文化培养

以创新创业大赛中体现的改革创新为核心的时代精神为指引，培养执着专注、精益求精、一丝不苟、追求卓越的新时代测绘工匠。

大学生参加创新创业大赛的意义，促使大学生将专业知识与社会热点相结合、理论与实践相结合，促进了科技成果向现实生产力的转化，参加大赛可使学生增强团队合作意识，提高大学生的科研及自学能力，激发学生探索的乐趣，从而激发学生的创新思维，增强创业能力和创业素养，激发其社会责任感。

测绘社团积极组织社团成员参加大学生"挑战杯创新创业大赛"和"互联网+创新创业大赛"，在社团老师的指导下，积极成立创新创业团队，进行参赛项目及方向建议、讨论、推荐、拟定等工作，助力工程测量专业"技能+思政+大赛"的工作任务全过程育人模式的有效形成。

以下是本社团同学，参加22年"挑战杯创新创业大赛"和"互联网+创新创业大赛"校赛的4支参赛队，分别是：

①"乡村振兴，测绘先行——贵州黔聚测绘科技发展有限公司"团队。

②"测绘新技术助推信息化农业发展——甘棠镇仲那村刺梨产业发展规划"团队。

③"推动建筑行业智能化绿色发展——贵州远宏建设工程有限公司"团队。

④"与测绘同行——北斗云测绘仪器科技有限公司"团队。

参赛题目与本课程专业核心技能地理信息数据采集及绘制紧密相关，通过比赛，培养社团成员的创新创业意识，营造"鼓励创新、支持创业"的氛围，助力学院创新创业培养；弘扬创新创业文化，孵化高水平、高层次、高素质的创业团队；激发学生创新创业的积极性，提高学生的职业生涯规划意识。

3. 专业技能实践中的职业文化培养

依托校企合作、产教融合平台，在指导老师的带领下，参加企业实践活动及协同创新项目，在生产过程中，将测绘行业在生产、经营、管理过程中的活动形式和物化形态，如职业态度、观念意识、规章制度、测绘标准、测绘法规、测绘产品、测绘活动、思维方式等内容潜移默化影响社团成员，使其逐步形成测绘人应有的精神特质、价值观。能最大限度的使学生养成全身心投入的敬业精神，树立持之以恒的专注精神，追求卓越的精益精神，探索突破的创新精神，建立执着的职业发展定力。

六、未来展望

社团文化建设是一个持续的过程，是在长期的发展和建设当中逐渐形成并且不断完备的特色鲜明的精神文化体系。随着社会的进步、行业的发展变化不断更新及完善。

测绘社团，作为一个专业社团，在发展中，将不断从社会、行业文化中吸取营养，丰富社团文化的内涵，增强社团文化的时代性，提高社团文化的品位，构建更为完善的测绘社团文化体系，发挥社团文化的教育功能及社会功能。引导社团成员关心当前国家和地区发展的方针政策，学习2022新国发2号文件明确赋予贵州"四区一高地"的战略定位，支持贵州在"新时代西部大开发上创新路，在乡村振兴上开新局，在实施数字化经济战略上抢新机，在生态文明建设上出新绩"的主目标，全力以赴围绕"四新"抓"四化"，在这样发展的大环境下，努力寻找并探索自身的专业技能与乡村振兴内容的融合点，在大力实施乡村建设行动中找准自身位置及方向。并在将来的生活和工作中，执着专注、精益求精、一丝不苟、追求卓越，以工匠精神筑梦测绘人生。

青衿之志履践致远,行远自迩笃行不息*
——以2020级大数据技术与应用3班为例

文化有独特的育人价值和意义。班级文化是校园文化的重要组成部分,是形成班集体凝聚力和良好班风学风的必备条件,也是对学生进行思想政治教育的重要载体。班级文化是班级所有或部分成员共有的信念、价值观、态度的复合体,对班级成员的健康成长起着潜移默化的教育作用。没有积极向上的班级文化创新与积淀,就没有良好的班风。本文以2021年贵州省省级先进班集体贵州轻工职业技术学院2020级大数据技术与应用3班为例阐释如何通过打造良好学风、开展班级活动、培育班级精神等来构建充满生机活力的班集体。

贵州轻工职业技术学院2020级大数据技术与应用3班成立于2020年10月。班级由16名女生,32名男生组成。其中团员21人,入党积极分子13人,两年的成长道路上,班级同学秉承"勤学、明德、精技、笃实"的班训,48人团结友爱、携手共进,组成了一个团结向上的优秀班集体。2021年被评为学院"先进班集体""先进团支部""特色团支部"。同年,经学院推荐荣获"2021年省级先进班集体"。

一、经验与成果

(一)恪守班规,井然有序,科学管理班级

一个合理的班级制度是整个班级严谨、团结、向上的强有力证明。班级制度文化就是将班级形成的理念以制度的形式表达出来,以制度化促使班级理念清晰化、班级管理科学化,从而最终服务于学生成长。因此,在遵循学院规章制度的前提下,根据2020级大数据技术与应用3班的实际情况,制定了一系列行之有效、被全班同学认可的、具有本班特色的制度。如:班级制

---

* 本文作者:李东丽,贵州轻工职业技术学院辅导员。

度、一日常规、课堂常规以及各种奖惩制度等。主要引导学生科学制订班规班训、文明养成、日常考勤、学习考评、卫生值勤、奖助学金、评先评优要求等规章制度，强化他们的日常行为养成教育。班级的制度公约应规范，要突出精神风貌、价值取向、作风习惯等具有育人气息的条款，给制度以灵魂，并引导学生在良好的班级文化建设中，形成正确的世界观、人生观、价值观，不断增强学生的学习意识、竞争意识、成才意识，使学生能够在团结互助、拼搏进取、和谐竞争的氛围中健康快乐地成长。

（二）初心如磐，奋楫笃行，班风学风优良

良好的学风是搞好班级管理的关键，是班级文化建设的根本。2020级大数据技术与应用3班学习风气浓厚，生机勃勃，入学以来出勤率100%，在本专业综合素质测评成绩连续两年排名第一。两年来获三好学生、技能大赛、创新创业等省级以上奖项9项，校级专业技能比赛奖项11项，荣获校级以上奖学金32人。教室是学生学习的主要场所，将班委、入党积极分子、成绩优秀学生、精准扶贫学生和后进生合理搭配，精心布置上课座位，进行环境熏陶，使得学生有浓厚的学习兴趣。同时利用大一晚自习进行专业方面的头脑风暴、指尖风云、技能比赛等活动来激发学生学习专业的热情，营造"比、学、赶、帮、超"的浓厚氛围，也打造了特色的专业文化。

（三）行远自迩，踔厉奋发，突出活动育人

班级活动是班级文化建设中最具有吸引力和活力的部分。班级活动并非选拔式活动，而是争取让活动中的每个成员都"活"起来，让每个人都参与其中，有自己的角色和任务。每个人都是一滴水，融入大海中才能汇聚力量。班级组织集体生日会、劳作教育、荧光夜跑、一根丝线心连心等活动拉近班级同学感情，提高班级凝聚力。聚是一把火，散是满天星。2020级大数据技术与应用3班同学积极参加学院和系部的各项活动，累计参加院级及以上比赛获奖共30余次，2021年班级集体参与学院党史学习教育讲演活动并荣获三等奖和优秀奖，班级成员100%参与活动，部分同学代表学院多次参加省级百年党史的系列活动。两年来班级学生积极参加"三下乡"社会实践活动、校内外志愿者活动、疫情防控志愿者服务活动，并荣获相关部门嘉奖。积极担当，砥砺奋进，班级同学兼顾学习和班级事务的同时，有40名同学积极参与学校的各个学生组织，部分同学在学院学生会、系部学生会、系团总支担任重要职务，其他同学积极参加学校内的社团，在社团内各展长处。

（四）讷言敏行，抱朴守拙，线上线下结合

现在的学生是伴随互联网长大的一代人。在多元化价值观存在的情况下，要在网上给大学生输送正确的营养、健康的营养，引导学生谨言慎行，保持自身最原始的淳朴本性，不能迷失自我。学生生活在哪里，辅导员的工作就应该开展到哪里，因此将班级网络文化纳入班级文化建设中来是必然的趋势。2020级大数据技术与应用3班利用QQ、微信、抖音等互联网平台，开设了网上班级平台，建立班级管理群、班级学习交流讨论组、活动直播平台等，搭建学生班级专属网络信息平台，形成新媒体"班级家庭"文化，提高班级文化的内涵建设，实现了用优秀的班级网络文化来促进学生发展的目的。

二、启示与反思

（一）充分重视和发挥班集体的教育力量

班级是学校教育和管理的基本单位。"乘众人之智，则无不任也；用众人之力；则无不胜也。"对于刚入校的大学新生而言，建立一个健康向上、充满活力的班集体，不仅能使他们更快地适应大学生活，而且能够培养他们的团队合作精神。

（二）加强班级管理，充分发挥学生主体作用

班级工作的开展不能仅仅依靠班级学生干部，班里的每一个同学都应该是班级建设的生力军，如此，班级的凝聚力才能得到增强。学生在班集体中的主人翁作用发挥得越充分，对班集体归属感就越强。

（三）班级文化的创建，内涵大于形式

充分利用现有的资源和平台，传递正确的价值观和文化观是班级文化建设应该考虑的首要问题。辅导员要有过硬的政治素养和较高的审美情趣，需要持之以恒地学习。长期以来，教师更关注的是教书、育人层面的学习，而忽略掉自我修养和个人趣味的提升。辅导员的个人修养直接决定了班级文化的高度。

"反躬自省，正己修心"。用感恩的心灵让我们不断追求，用自信的心态让我们昂首挺胸，用团结的力量让我们勇往直前，用远大的抱负让我们步步高升，用拼搏的劲头让我们笑傲江湖，用不屈的精神让我们奋进前行。青衿之志履践致远，行远自迩笃行不息。

思政与新媒体融合　打造网络育人新阵地[*]
——以青春轻院新媒体工作室为例

共青团贵州轻工职业技术学院委员会于2015年11月成立"青春轻院新媒体工作室",主要负责"贵州轻工职院团委"微信公众号、"轻院V观"QQ空间、微博、抖音等新媒体平台的运营,及时传播信息,为广大青年这一信息接收主体发声,在学院思想政治教育工作中发挥重要作用。

一、案例背景

在"互联网+"时代背景下,信息传播和信息接收不管是在速度上还是在质量上都有了更高要求。活跃在校园的广大青年大学生是信息传播和信息接收的主体,因此,建设一批以大学生为主体的信息传播载体即"校园新媒体工作室"就显得尤为重要。

二、高校德育工作面临的困境

（一）传统教育方式下学生接受度降低

德育工作是学校工作的灵魂。德育指所有有目的、有计划地对社会成员在政治、思想与道德等方面施加影响的活动,其通过符合道德的手段对学生产生一定的影响。它致力于对学生思想品德和人格素质的培养,贯穿德智体美劳的各个方面,体现学校教育的基本目的,对学生的健康成长和学校工作起导向、动力和保证作用。而传统的教育方式使得德育工作在学生群体中的接受度大幅降低。

（二）传统德育课程资源缺乏丰富性

现有传统德育的课程资源有教材、教参、图文影像资料等,课本教材是

---

[*] 本文作者：周菀娇,贵州轻工职业技术学院团委办公室主任。

以课堂为主渠道的传统德育的主要课程资源。传统德育中教材的编写和课程资源的开发主要由教育主管部门和地方政府决定，德育教师鲜少开发新的课程资源，传统的德育课程资源较为单薄，种类不丰富。

因此利用新媒体平台的创新性、丰富性、信息传递方式多元化对大学生开展德育教育，有利于大学生实现从高中时期各学科传统且固定的思维到大学时代学科多元化、饱满化、具体化的过渡，以更好地适应大学生活。而大学生为主体的校园新媒体工作室——青春轻院新媒体工作室能够及时传播青年声音，在学院思想政治教育工作中发挥重要作用。

三、工作思路

当前，我国正处于建设网络强国、智慧社会和数字中国的关键时期，人工智能、5G、大数据云台等新型基础设施正在快速布局建设，新媒体作为依托新基建发展起来的平台，成了促进各行业发展的重要工具。《关于加快构建高效思想政治工作体系的意见》指出，要提升新媒体网络平台的服务力度，加强网络育人成效。当代大学生是与我国新媒体共同成长发展的一代，成长过程中其认知行为、思想意志等受到新媒体的影响十分突出，传统的道德判断标准、价值取向，容易受到新媒体中多元文化因素的冲击和挑战。因此，要推动高校德育工作与现代信息技术的融合，发挥好新媒体这一前沿育人载体的思想引领作用，提升高校德育工作的时代感、责任感、使命感。大学生的德育教育是一项在复杂环境下进行的实践活动，在当前互联网和新媒体快速发展的背景下，做好高校的德育教育就必须掌握网络高校德育发展的规律，打破高校传统德育方式困境，创新在新媒体背景下的高校德育工作路径。

四、实施过程

（一）培育出一支精干的宣传队伍，切实提升校园媒体的传播力、竞争力、影响力

共青团贵州轻工职业技术学院委员会坚持"立德树人"根本任务，坚持党建带团建，青春轻院新媒体工作室实行总编辑负责制，下设运营部、宣传设计部、平面设计部、视频剪辑部、创意策划部，部门分工明确，责任主体明显。各部门由学院各系部学生组成，学科交叉，优势互补，多元融合，实行团委工作室一体化运营。工作室现有学生成员70余人，主要负责运营学院团委微信公众号"贵州轻工职院团委"、抖音号"贵州轻工职院团委"、微帐

号"贵州轻工职院团委"以及 QQ 空间"轻院 V 观"。

工作室团队建设规范，按程序选举，民主选举。工作室主编和各部门干事信念坚定、心系同学、心系学院、心系国家、能力突出、作风严实，得到了学院老师同学的高度认可。工作室注重同学们的思政学习，不定时开展党史学习教育，加强思想引导。按期开展技能培训，增强新媒体运营技能，牢固运营本领，以百分百的热血扎实做好学院团委宣传工作。

（二）完善场地建设和设备支撑，为工作室的高效运转扬帆护航

青春轻院新媒体工作室位于学院中心位置——学生事务中心，紧靠学院大礼堂、图书馆、体育场，且处于学院教学区和生活区交界地带，可在学院开展各类活动时，第一时间前往抵达活动现场捕捉宣传素材整理发布至运营的各平台。此外，青春轻院新媒体工作室拥有面积 140 平方米的工作室，包含多功能会议报告区（50 人规模）、图书阅览区、休息区、办公区、设备存放区等区域。目前青春轻院新媒体工作室已购置单反相机、无人机、摄像机、三脚架、有线话筒、无线图传、手持相机云台等齐全设备与配件，为工作室开展工作提供了强有力的场地和设备保障。

（三）建立程序化、规范化的规章制度，助力工作室开辟未来

为推进青春轻院新媒体工作室规范化建设，工作室制定《贵州轻工职业技术学院青春轻院新媒体工作室运营条例（试行）》《关于单反相机、无人机、摄像机及配件的使用管理办法》《新媒体工作室内容发布管理办法（试行）》等规章制度，确保工作室长远发展。

五、经验做法

（一）多元化服务，打造志愿服务新名片

近年来，在学院党委的领导下、团委的指导下，青春轻院新媒体工作室在平台建设和助力脱贫攻坚、疫情防控、就业创业、校园文化推广、提升学生思想政治、助力乡村振兴等方面取得了显著成效。积极开展"三下乡"、社区辅导，招募文化志愿者、疫情防控志愿者开展志愿服务活动 30 余项，服务累计时长据不完全统计达 400 余小时，打造出一张跟党前行、勇于担责、勤于服务的多方面、精服务、高质量的志愿服务新名片。

（二）多平台融合，协同发展共创新未来

工作室成立至今积极参与学院系部开展的各类活动宣传报道，累计发送推文、博文 600 余篇（次）。截至 2021 年 11 月，公众号"贵州轻工职院团委"开设《轻院之声》《多彩轻院》《"平"语近人》《传承红色·魅力青春》

等品牌栏目，拥有粉丝22234人，实现在校生全覆盖。

青春轻院新媒体工作室于2019年正式加入运营抖音平台，开设《轻听轻语》《轻院时光》等栏目，目前抖音号"贵州轻工职院团委"共发布视频216条，拥有粉丝13000人，获赞798000人次，在省内高职高专院校新媒体工作室中排名靠前，抖音运营紧跟时代潮流，校园热点创作优质内容，传播正能量，积极创新搭建联系青年、团结青年、服务青年的新媒体平台。

同年，面对各类杂乱的QQ"墙"，青春轻院新媒体工作室痛定思痛，自我反省，推出了第一个学院官方"墙"——"轻院Ⅴ观"，不断优化信息传播质量、速度，为同学们传播及时准确的信息。

（三）探索式创新，创建新媒体信息传播新模式

创新协同，不断优化传播方法，2020年青春轻院新媒体工作室步入直播时代，此后的一年里，依托平台优势，活动线上观看人数共计10余万人次。在各类各级新媒体产品比赛中，工作室不断获奖，激发了学生创作兴趣，且众多素材被省市各级文化和旅游厅采用宣传。

六、经验总结

（一）促使多平台融合共创、协同发展

青春轻院新媒体中心运营的"贵州轻工职院团委""芊松青年"微信公众号拥有粉丝2.5万余人，是影响范围较广的传播平台，公众号设《大学习》《轻院之声》《多彩轻院》《"平"语近人》《传承红色·魅力青春》等品牌专栏分类收录近年工作室出品的优秀网文；"贵州轻工职院团委"抖音号、微信视频号自2019年开通以来，截至目前拥有2.3万余人粉丝数量，获得130.2万余点赞，在省内高职高专院校新媒体工作室中排名前列，抖音运营紧跟时代潮流、校园热点创作优质内容，传播正能量，积极创新搭建联系青年、团结青年、服务青年的新媒体平台。贵州轻工职业技术学院青春轻院新媒体工作室开设《轻院之声》《轻院时光》《倾听轻院》《轻寝生活》《轻院Ⅴ观》等栏目，充分发挥各平台的优势，实现网络育人全覆盖。

（二）健全管理办法，长效保障运营

为推进贵州轻工职业技术学院青春轻院新媒体工作室规范化建设，工作室制定《贵州轻工职业技术学院青春轻院新媒体工作室运营条例（试行）》《关于单反相机、无人机、摄像机及配件的使用管理办法》《新媒体工作室内容发布管理办法（试行）》《关于广播站管理办法》等规章制度，在此基础上进一步完善确保网络育人工作室团队建设、作品创作管理等办法，保障工

作室长久稳定运营。

（三）新媒体和思政，开拓思政育人新阵地

为把控好贵州轻工职业技术学院青春轻院新媒体工作室政治观念，工作室主持人对工作室选题策划、摄影摄像、稿件撰写、语音播报等方面进行全过程监测管理。在团队组建方面，通过公开招募具备新媒体技术且热爱新媒体工作的学生加入工作室；在运营方面，深入挖掘校园素材，创作网络作品，把新媒体融入学院思想政治工作，致力开拓思政育人的新阵地。

（四）尽责服务社会，尽力助推乡村振兴

让新媒体走出校园，走好路、走远路、走上坡路，建设学生认可、社会认可、政府认可的新媒体工作室。2021年7月新媒体团队跟随学院暑期"三下乡"社会实践国家级宣讲团队"满天星"报道学院在清镇市卫城镇开展各项活动。新媒体工作室的七名同学在贵州省剑河县革东镇政府的邀请下，前往剑河县开展了为期一周的航拍工作，完成了剑河县革东镇23个行政村、柳川镇2个行政村，共计25个行政村，130余平方千米的720°全景航拍制作工作。为当地产业规划、未来发展打下坚实基础，有效助推乡村发展、产业振兴。此次工作，当地政府对学院学生给予了高度肯定，同时受到多家媒体宣传报道。下一步青春轻院新媒体工作室的成员将"走更远"，在暑期"三下乡"和寒假社会实践期间将在校所学技能及时送达乡村，深入开展直播带货服务，奋力促进产业振兴、全力助推乡村振兴。

七、获得的荣誉

2015—2022年七年来青春轻院新媒体工作室获得的荣誉如下：

1. 贵州省第十二届"多彩校园·闪亮青春"全省大学生校园文化活动月之"最美贵州"H5页面设计制作大赛一等奖；

2. 贵州省第十二届"多彩校园·闪亮青春"全省大学生校园文化活动月之大学生"三下乡"社会实践活动新媒体创意展示大赛运营实践组比赛荣获省级二等奖；

3. 贵州省第十二届"多彩校园·闪亮青春"全省大学生校园文化活动月之大学生"三下乡"社会实践活动新媒体创意展示大赛运营设计组比赛荣获省级三等奖；

4. 贵州省第六届大学生艺术展演活动摄影作品《绿色军装下的我们》荣获省级三等奖；

5. 贵州省第六届大学生艺术展演活动书法作品《知其不善，则速改以从善》荣获省级三等奖；

6. 新媒体工作室运营的公众号参加贵州省大学生网络文化节和全省高校网络教育优秀作品推选展示活动中，《强化网络宣传阵地建设　打造思政育人高地——青春轻院新媒体工作室》作品获得优秀工作案例。

青春轻院新媒体工作室将在未来的工作中坚持立德树人的根本任务，围绕学院思政工作要求，进一步完善功能，创作更多的优秀作品，助力学院思政建设。

05
第五篇
人物榜样

立德树人铸师魂　做学生逐梦路上的"引路人"*

"每一位学生都是一粒藏在贝壳里的透亮的珍珠，每一位班主任都应争取做打开贝壳让珍珠发光的人。"这句话生动诠释了作为班主任的使命，这为我指明了班级建设的方向。

一、案例背景

为贯彻落实中共中央、国务院《关于进一步加强和改进大学生思想政治教育的意见》（中发〔2004〕16号）的精神，教育部发布了《教育部关于加强高等学校辅导员、班主任队伍建设的意见》（教社政〔2005〕2号），文件提出了辅导员、班主任是高等学校教师队伍的重要组成部分，是高等学校从事德育工作开展大学生思想政治教育的骨干力量，是大学生健康成长的指导者和引路人。这对高等学校辅导员、班主任建设具有重要意义。我自2013年9月进入学院担任辅导员，截至2019年9月共担任过8个班级的班主任，其中3个班级曾荣获过贵州省普通高等学校"先进集体"荣誉称号。回顾6年的班主任工作，我坚持"立德树人"根本任务，结合高职学生身心特点，积极探索构建了"5个零距离+4个阵地+3个有心+2个一制度+1个理念"的工作模式，在班级管理方面初显成效。

二、主要做法

（一）做足五方面的"功课"，做到学生交流"零距离"

"创造良好的第一印象，是不露痕迹地对学生进行集体主义的启蒙教育。"作为一名班主任，如何在最短的时间内获得学生对你的好感，做到与学生"零距离"接触，对下一步的班级管理工作起着至关重要的作用。因此，需要

---

* 本文作者：周菀娇，贵州轻工职业技术学院团委办公室主任；杨治平，贵州轻工职业技术学院辅导员。

做足以下五方面的"功课"：

1. 与学生初次见面做到"零距离"

迎新期间我除了向学生发放学院印制的我的个人名片外，我会逐一对报道的班级学生讲："我是你们的班主任××，很高兴认识你们，我希望和你们成为朋友，这是我的联系方式，今后你们有任何事都可以和我联系。"初次见面让学生心里有份"安全感"。

2. 记住学生的名字实现"零距离"

戴尔·卡耐基曾说过："记住别人的名字，而且很轻易地叫出来，等于给别人一个巧妙而有效的赞美。"每一个学生都是独一无二的个体，当你能正确喊出学生的名字，这是对学生的尊重，也能加深学生对你的信任感，因此担任班主任的我会尝试各种方法以最快的时间记住我的学生的名字。这看似是小事，殊不知这更是与学生情感建立的重要一步。

3. 与学生建立共同的兴趣爱好做到"零距离"

在学生的自我介绍中，我默默统计了大家的兴趣爱好，发现有的同学喜欢唱歌、跑步、打羽毛球等，这刚好也是我的业余爱好，我利用工作之余约学生夜跑、打羽毛球、K歌，对于喜欢打篮球、打乒乓球的同学，我就到比赛现场为他们加油助威。通过与学生建立共同的兴趣爱好，我与学生的距离更近了。

4. 开展集体性活动做到"零距离"

大学期间组织班级参加迎新晚会、迎新杯篮球赛、宿舍文化节以寝室为单位的校园马拉松比赛、班级素质拓展活动、班级毕业照拍摄、毕业聚餐等活动，精心组织和策划丰富多彩的活动，寓教于乐，让同学们能在不同的活动中"大显身手"，提高了自信心，提升了班级凝聚力。

5. 建立班级共同目标实现"零距离"

著名的教育改革家魏书生说过："用目标去管理班级，班主任就越干越高明。"学生进校之初，我会与班级共同制定班级的规章制度，同时向同学们普及学院"先进班级""优良学风示范班""先进团支部"以及省级"先进班级"的评选条件，在同学们心中埋下一颗要向先进奋斗的种子。同学们结合班级实际再细化目标任务，稳扎稳打向目标迈进。每个学期结束，我们会对班级涌现出的先进个人和集体举行隆重的表彰仪式，仪式上获表彰的学生进行事迹宣讲和经验分享。因为有着共同的目标，所以班级同学树立了集体荣誉感，最终班级都完成了预期的目标。

（二）以"4个阵地"为抓手，促进班级学风建设

1. 抓好课堂教学主阵地

课堂教学是人才培养的中心环节，任课教师在开展教学过程中，我会与任课教师保持联动，定期了解班级学生的学习情况，并根据学生专业内容在班级组建学习小组，涵盖了学生考资格证、专升本、就业等方面内容。比如为了帮助学生专升本复习更有针对性，邀请已升学的学长学姐开展"专升本"讲座，为在校学生推荐复习书籍，传授复习方法等；为了实现学生高质量就业，组织学生开展简历制作、求职模拟面试比赛等，提高学生的求职竞争力。

2. 守好宿舍育人重要阵地

宿舍是学生休息、交流思想、心灵沟通最为密集的区域，要充分发挥宿舍育人阵地的优势。学生刚进校，以寝室为单位开展寝室文化建设评比活动，对优秀的寝室进行表彰的同时组织班级学生观摩学习，营造和谐的寝室氛围；在学院开展宿舍文化节期间，我融入班级寝室同他们一起参加环轻院马拉松比赛，向学生传递有爱、互助、团结的寝室精神；以系列党团组织进公寓活动为载体，有针对性地了解和解决寝室学生在学习、生活、身体、心理等方面遇到的问题，指导学生参加党团组织活动，增进思想政治教育工作的实效性。

3. 用好"第二课堂"实践阵地

"第二课堂"是进行大学生思想政治教育的重要渠道。为了加强第一课堂与第二课堂的互动，发挥第二课堂的育人功能，我以班干部为抓手，班干部根据各自工作职责策划主题活动，开展了包括人人推荐一本好书、传统文化进校园——京剧脸谱绘画比赛、阳光晨跑和夜跑团活动、早会活动、辩论赛、心理健康知识竞赛、素质拓展活动等活动。这些精彩纷呈的实践活动，提升了班级综合文化素养。

4. 筑好"网络育人"新阵地

新时代的大学生至少拥有一个QQ号和微信号，为了"无缝隙"管理班级，班级建立了QQ群、微信群，我在群内不定期发布与学生安全有关的法律法规、案例，每天第一件事是关注班级群动态，第一时间发现班级问题的"苗头"，第一时间思考应对措施，有效规避了网络负面舆情风险。网络这根"无声的线"成了我和学生互动的重要桥梁。

（三）"3个有心"是法宝，为优良学风建设奠基

1. 班级管理需要班主任有爱心

"一切最好的教育方法，一切最好的教育艺术，都产生于教师对学生无比

热爱的炽热心灵中。"在与学生的相处之中，我始终以真诚、平等、信任的态度对待学生。在了解和掌握班级学生贫困的情况后，曾多次自发为班级特困学生捐款，对学生细微的关心，也使我赢得了学生对我的尊重。

2. 班级管理需要班主任有责任心

班主任工作是连接学校与学生、学生与家长的纽带，有高度的责任感是做好班级管理工作的前提，涉及学生的事无小事，不仅需要具备强烈的责任心，全面执行学校布置的工作，同时还要能迅速及时、准确无误地开展班级管理工作。

3. 班级管理需要班主任有宽容心

校园往往是学生"试错"成本最低的地方。学生在学习、生活中难免会出现违反校规校纪的情况，在学生犯错的时候如果我们一味地批评、指责，那学生的自信心、自尊心将会受到不小的打击，伴随学生的逆反心理也会更加强烈，因此这时候我会以一颗包容心去面对学生，从学生的角度用"讲道理"代替"批评声"，对犯有小错误却能取得进步的学生及时鼓励。

（四）建立"2个一"制度，保障班级常态化运转

1. 建立了"一周一主题"班会制度

我结合班级建设需要，每周根据学院、班级工作重点要求，建立并落实了"一周一主题"班会制度，该制度有利于我及时掌握学生思想、学习和生活动态，我也能第一时间就学生关心的问题予以解决。

2. 建立了"一月一特色"活动制度

围绕学院校园文化建设、特色晚自习要求，班级在完成学院的"规定动作"外，建立了"一月一特色"活动制度，开展的特色活动包括诚信主题辩论赛、心理健康知识抢答赛、素质拓展活动、"模拟面试"等，学生在活动中发挥"主人翁"精神，形成了班级特色文化。

（五）一个理念是核心，点亮每一个人的梦想

"做自己的太阳"是我班级管理的理念，"愿你成为自己的太阳，无须凭借谁的光"是该理念最好的诠释，班级同学升入高职院校，与他们的相处中我发现学生成长成才最大的阻碍是自卑心理。我经常开导学生，无论是参加技能大赛获奖免试就读本科，还是自己备考本科，通过自己的努力一样可以踏入本科大学。即使不继续升学，掌握技能人生也能"开挂"。我们要自己学会扫除挡在眼前的乌云，做自己的太阳。

三、取得的成效

（一）形成了优良的学风、班风，在学院学风建设方面发挥榜样作用

通过对"5个零距离+4个阵地+3个有心+2个一制度+1个理念"工作模式的运用和实践，2016级会计电算化5班的班级到课率达到99%，2017级电子商务3班保持了"零违纪"记录，班级学生德智体美劳全面发展，形成了优良的学风、班风。2013级市场营销3班、2016级会计电算化5班、2017级电子商务3班先后获得贵州省普通高等学校"先进班级"荣誉称号。以上班级在学院进行班级建设事迹宣讲，发挥了学风建设榜样作用。

（二）形成了踏实、勤奋、上进的班级精神，提高了学生升学、就业能力

在"做自己的太阳"班级理念的引领下，班级同学树立个人目标，靠踏实、勤奋、上进的优秀品格刻苦求学，仅2017级电子商务3班的41名学生中就有15名学生成功专升本。开展简历制作、模拟面试等活动提高了学生求职就业的能力。

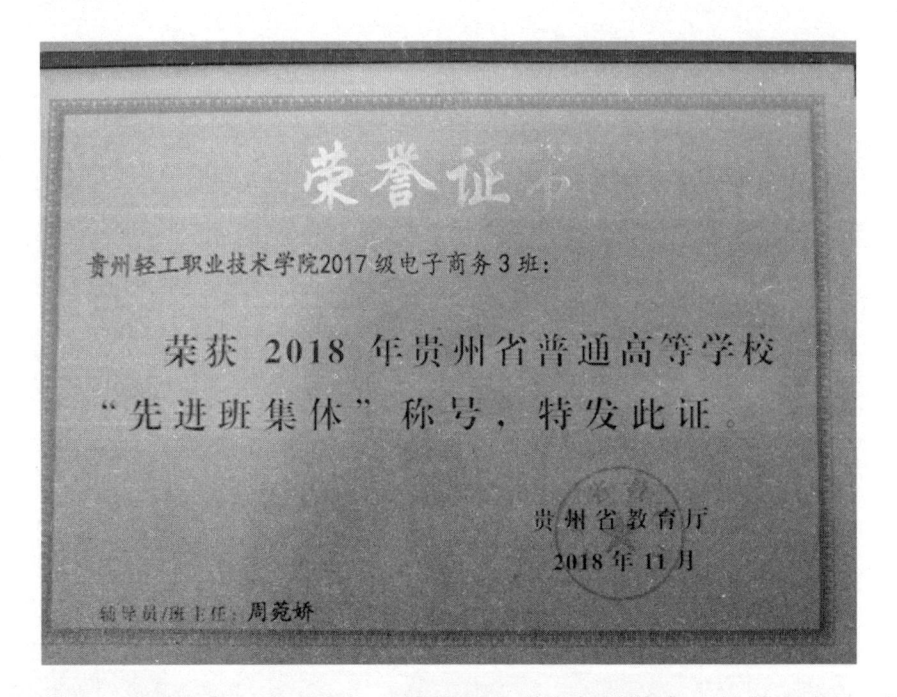

作为一名班主任，我不忘初心始终坚守班主任的使命"辅学生成长，导学生成才，圆学生梦想"，我以"假如我是孩子，假如是我的孩子"的方式换位思考去关注学生、研究学生，我把"一切为了孩子，为了一切孩子，为了

孩子一切"定格为工作目标。在付出辛劳的同时，我看着毕业了的学生奔赴祖国的大江南北为祖国的建设添砖加瓦时，我收获了我作为教师这个职业满满的幸福感和成就感！这便是我作为一名班主任的初心，在今后的工作生活中，我将继续严格要求自己，不忘初心，不断探索和学习，争取做一名学生心中合格的"引路人"。

高校辅导员工作案例："迟到"小违纪背后的大"真相"*

一、案例背景

XXX，女，贵州人，系经管系2016级报关与国际货运专业学生，成绩中等。该生父母在她和妹妹读小学时便离婚了，父亲对她们不管不问，母亲外出打工对她们的关心甚少，该生从小由奶奶抚养长大。在父母离婚后，奶奶的性情大变，不允许她们读书和写作业，所有行为均要按照奶奶的要求执行，一旦反驳奶奶的话，便会遭到更严厉的打骂，长此以往该生形成了敢怒不敢言的性格，家庭环境体现出"专制型家庭"特征。持续的"管制"家庭环境以压抑、负能量的氛围感染着两姐妹，学生长期缺乏"关爱"，无法形成正常有效的沟通，内心压抑情绪积压无法释放，产生了一定的心理问题。在校期间该生多次偷偷以泪洗面，但是在集体活动中该生善于伪装，强迫自己隐藏内心压抑情绪，除了有迟到现象，其他一切教学活动表象正常，随着时间推移，该生心理问题逐渐严重到出现强迫、焦虑、抑郁的躯体化特征。

二、案例事件

（一）预见性发现

在日常班级管理工作中，对系部早上一、二节课出勤率的统计中，我发现多名学生迟到，于是找到这些同学一一谈话，了解迟到原因，该生也在其中，大家都表示"闹钟响了没听见""忘记开闹钟""昨晚没睡好，早上起不来""拉肚子""一不小心就迟到"……都是一些常规生活中可能会发生的一些突发情况导致迟到情况，该生也表示"闹钟响了没听见"。逐一进行谈话后

---

* 本文作者：程媛媛，贵州轻工职业技术学院辅导员。

这些学生并没有明显异常，于是对他们进行常规的思想政治教育和引导。在随后的一个月时间里，针对迟到人员名单排查谈话中，多次发现该生出现迟到情况，且每次都以"一些小突发情况"为由，出于辅导员职业敏感性，我意识到这个学生的情况可能不是"生活中普通原因"导致迟到那么简单。

（二）确定性发现

我与该生多次谈话均没有其他收获。于是，我经常深入教室查看她的情况，到宿舍进一步了解她的学习、生活和习惯，该生室友表示她和军训时期相比，变得沉默寡言，也比较孤僻，与同学交流甚少，喜欢独来独往，久而久之大家很少和她一起出行，室友也没有发现到底是什么典型事件导致她的变化。为了查清原因，让她能充分信任我并倾吐心声，我每天都到宿舍看她，询问她的学习、生活情况，天冷加衣，感冒送药，多次到她宿舍等她一起上课，起初我发现她行动很慢，每次都说马上弄好了，却又迟迟收拾不完，我耐心地、主动地帮她一起收拾。有一天我忽然发现该生早上去了四次厕所，洗手次数更为频繁，我在心中初步判定该生行为异常，存在一定的心理问题。我多次找她谈心谈话，终于，她信任我并愿意向我讲述她的原生家庭情况，得到她的信任和肯定后，她慢慢说出了隐藏心中多年的秘密：从小缺少关爱、被骂被打的悲惨经历，父亲是监护人却不履行义务，母亲外出打工的艰难；内心怕很多东西，如怕电池坏了漏出的东西对她身体不好，怕血液会传染疾病，怕见到红色……通过该生的阐述我发现她已经出现焦虑、强迫倾向。随后，我联系学校专职心理教师，对她进行疏导沟通；向系部领导汇报，与该生母亲沟通情况；找到该生室友，和她们一一沟通，做好安抚并给出建议，安排学生干部关注她的一举一动。慢慢地，我们发现该生更多行为异常的举动，比如洗手停不下来，进一步演变到洗衣服、洗袜子可以洗四五个小时等，我很确定该生心理问题已导致躯体化特征出现，需要立刻去医院诊治，最终医院检查结果为强迫症、抑郁症、焦虑症。在医生的建议下，我与家长一起为该生办理了休学手续并帮助她住院治疗，经过一年的治疗，该生复诊确认康复后返校复学，她眼睛湿润着对我说："没有你的关心关注，我不会意识到问题的严重性，更不会有今天阳光正能量的我。"该生返校后顺利完成了学业，找到了心仪的工作。

三、解决问题的思路、方法与效果

学生迟到在高校是经常出现的现象，很多人会把它简单的当做一般问题来处理，用写检讨、罚跑步、批评等方式进行教育，而在学生迟到的背后，也许有深层次的原因，是需要辅导员通过细心观察、精心了解、耐心处理来深度挖掘"真相"。本案例通过运用管理和教育结合、问题与实际结合、关怀与疏导结合、学校与医院相结合的教育干预方式，及时将安全隐患处理在萌芽之中。

（一）关心帮助学生，建立信任关系

学生迟到原因非常多，一个学生经常性多次迟到属于异常状况，需要辅导员深度去了解原因，查明"真相"，而学生在与老师的接触过程中，潜意识里和行动中会隐藏自己真实情况，避免老师发现"真相"。学生长期在压抑痛苦折磨煎熬的环境里长大，心理的承受能力是有限的，当一个人承受不了时，就会通过躯体化和心理问题的方式呈现出来。要解决这个问题，首先辅导员要获得学生的认可和信任，要让学生明白我们是去了解、帮助学生，而不是"找麻烦""难为""处分"学生，在疏导过程中一定要从小事做起，用爱去感化学生，用爱去温暖学生，给予学生充分的信任和肯定，学生才会信任老师，才愿意吐露心声。案例中，正是我多次关心关爱她，让她感受到老师的情谊，她才最终将真实情况和感受倾诉于我。

（二）追根溯源共情，及时汇报情况

在谈心谈话过程中我耐心倾听学生的自我陈述，同时以辅导员敏锐的洞察力，通过学生的语气、神态、举止等细微变化，进行正面及时的安抚和引导，用共情法去肯定和鼓励学生，辅助引导学生正面心理情绪。本案例中，虽然迟到是小事，但是深究原因是原生家庭对学生心理造成了创伤，导致心理问题出现。随着时间推移，心理问题愈发严重导致躯体化特征出现，判定为家庭教育引起的心理健康问题，将相关信息及时向领导、家长反馈，与家长要做好家校联动的沟通，共同关心关爱学生，形成合力。

（三）持续跟踪关注，寻求专业帮助

心理干预专业性极强，辅导员要明确自身的角色定位，认清自己是专业人员进行心理干预的协助者，而不是专业的心理干预者，避免越位。通过多次谈话，我明显地感觉到该生对自己有很多的不接纳和否定，同时，强迫自己做一些固定模式的行为。该生心理问题已经很严重，在征得她同意后，为她安排了专业心理教师访谈，听从专业心理教师的建议，必要时前往医院就医，寻求最权威的诊断结果，以便为她制定更适合的心理干预方案，避免该生因心理问题进一步发展而出现极端事件。

（四）做好安抚工作，加强心理教育

本案例中室友的情绪和心理动向也被重点关注，事情处理完毕后，我及时对该生所在寝室的同学进行心理访谈。通过共情法的方式让学生理解出现此事件的前因后果，进行合理的心理疏导，避免学生受到案例中事件的刺激而产生其他问题。后续在班级的心理健康教育过程中，我通过开展一系列班团活动、素质拓展、体育活动，着重强调提升学生个体积极的心理品质，增强班级学生心理韧性，以提高心理危机的防疫能力。

四、案例分析与启示

大学是青年的拔节孕穗期，是一个人由学校走向社会的重要必经阶段。作为与学生接触最多的辅导员，应该时刻保持工作的严谨性和敏锐的观察力，引导学生正确地认识和评价自己，帮助学生克服焦虑、不安的情绪，拥抱乐观的人生。

（一）共情感受，形成师生互相信任的牢固关系

作为一名辅导员，要运用教育学、心理学等专业知识技能武装我们的头脑，及时合理的处理问题，经常性的深入学生宿舍、班级、活动之中，无论学生的人品、情感和行为是如何的，教师都应该无条件接纳学生、引导学生、尊重学生，平等对话，共情感受，形成融洽的、互相信任的师生关系，促使他们内心转化，正视自己的问题并愿意与辅导员分享，辅导员才能针对安全隐患精准施策，合理处置，达到良好的效果，增强心理预防与干预的实效。

（二）做学生的"良师益友"，探索"小事"背后的"大事"

高等教育需要处理的问题有可能源自基础教育等任何一个教育阶段，甚至来源于家庭教育，原生家庭成员之间的自我分化水平、慢性焦虑情绪以及成员间的相处关系模式等因素会对学生的为人处事、性格养成、生活态度、价值观等方面产生巨大影响。辅导员只有先成为学生的"益友"，才能做好"良师"。从学生的一点一滴做起，关心关爱学生，充分了解学生的困难，做学生的"好朋友"，才能"对症下药"，培养一个德智体美劳全面发展的社会主义建设者和接班人。

（三）关注学生成长过程，保障学生人格健全发展

对于辅导员的思想政治教育工作，做到认知层面的疏导，就已经可以保障学生顺利完成大学生活顺利毕业，但教育是一个动态持续的过程，学生在不同时期、不同阶段，都会遇到不同的问题，辅导员应及时帮助学生解决问题，培养学生健全的人格从而促进学生全面发展。案例中，学生有违反纪律的情况、异常的情况出现，就应该深度剖析问题的根本原因，否则当学生走出学校、踏入社会时再遇挫折和困难就会容易出现心理崩溃，甚至终生无法

治愈，这将给学生个人、家庭、社会带来沉重负担。

（四）及时寻求专业心理老师和医生的帮助

由于该生存在较为深层的心理情绪，只在认知层面进行疏导治标不治本，必须寻求专业医生帮助，使该生明确自己面临的情况，进行心理疏导治疗。因此，辅导员在做学生工作时，要意识到心理干预的专业性，及时寻求专业心理教师和医生的帮助，同时应采用灵活多样的教育方式和途径，帮助大学生形成健全的人格和健康的心理。

五、案例反思

大学生心理健康教育具有特殊紧迫性和鲜明时代性，是提高大学生心理素质、促进其身心健康和谐发展的教育，是高校人才培养体系的重要组成部分，也是高校思想政治工作的重要内容。

（一）建立心理危机预防联动长效机制

在处理学生心理问题过程中，应建立心理危机预防联动长效机制，建立"宿舍—班级—系部—家长—学院"五级联动机制，安排学生干部在宿舍、教室等区域随时关注学生行动轨迹与情绪动态并及时反馈辅导员，辅导员及时反馈给系部领导、学生家长和学院心理健康工作中心。积极主动和家长沟通，传授给学生家长一些心理危机干预、心理健康教育的方式方法，形成家校联动模式，形成育人合力，对潜在的心理危机做到早预防、早发现、早关注、早报告、早治疗、早康复，帮助学生完成学业，成功就业，健康成长。

（二）创建以融媒体为依托创新心理健康教育工作模式

在新生入学时，除了进行心理测评、职业生涯规划、就业指导、个人修养与安全教育等外，应进一步加大心理健康教育工作的力度，及时随着时代的变化创新工作手段。互联网时代为高校开展思想政治教育提供了很多可能性，应依托融媒体平台，完善心理健康教育课程体系建设，通过"线上+线下+N"来创新心理健康工作模式，使传统课堂与网络云课堂相结合，同时探索"N"种强化线上线下课程内容的活动方式或社会实践，在活动和实践中发现那些"特殊"学生，针对学生的层次性制定不同"问题"学生的干预方案，以积极心理学视角，创新活动载体，引导学生拥有积极、健康、良好的心态，培养有理想、有本领、有担当的时代新人。

（三）促进辅导员综合素养的提升

习总书记说过："做好老师，要有仁爱之心，爱心是学生打开知识之门、启迪心智的开始，爱心能够滋润浇开学生美丽的心灵之花。"面对不同学生的性格特点、兴趣爱好、家庭情况的差异性，辅导员应思考如何培养人格健全、积极向上、充满青春活力的青年大学生。面对学生没有任何明显表象的心理问题，这就要求辅导员既要有一双"火眼金睛"善于发现问题又要有一根"金箍棒"来解决问题。因此，辅导员应多参加专业化的心理知识培训，通过课程系统化学习和实践，达到更职业化、专业化的水平，及时处理安全隐患，减少突发事件的发生。

（四）实行"一人一卡"信息登记并严格施行保密制度

目前各高校辅导员对学生的信息登记主要是针对基本信息情况的记录，还没深入到一定的家庭背景和成长环境中。诸多研究都表明，原生家庭环境对学生的个人性格、社交、思考问题方式等都有重要影响。为了全面的挖掘学生的优点，了解学生的原生家庭环境对学生起到积极促进作用还是消极负面作用，就需要进一步登记学生详细信息，如学生的家庭情况，父母工作单位、父母婚姻状况、家庭生活环境、学生成长经历、重要的时间节点等，均需记录在册，以便聚焦问题，精准施策，强化育人实效。